JN430831

AI 직업 지도

인공지능총서

인공지능 시대입니다. 기계가 인간의 인지를 대신하고, 사물이 인간을 통하지 않고 다른 사물과 직접 커뮤니케이션합니다. 이에 따른 인간 삶과 문명 변화를 정확히 이해·예측·대응하는 것은 이 시대 우리 모두의 과제입니다. 인공지능총서는 인공지능 기술과 환경의 여러 주제를 10가지 키워드로 정리합니다. 관련 개념과 이론, 학계와 산업계의 쟁점, 우리 일상의 변화를 다룹니다. 인간과 기술의 현재, 미래를 세심히 분석합니다.

일러두기

- 인명, 작품명, 저서명, 개념어 등은 한글과 함께 괄호 안에 해당 국가의 원어를 병기했습니다.
- 외래어 표기는 현행 어문규정의 외래어표기법을 따랐습니다. 다만 '플로우', '워크플로우', '파이썬' 등은 관행을 따랐습니다.

처음이세요?

전문가세요?

지금, 큐알 찍으면

- 🎁 AI 입문서 바로 선물
- 📚 당신만의 필독서 추천
- 📖 500권 요약본 공짜
- 🎧 오디오북 무료 사용

AI 직업 지도

신승인

대한민국, 서울, 커뮤니케이션북스, 2025

AI 직업 지도

지은이 신승인
펴낸이 박영률

초판 1쇄 펴낸날 2025년 10월 15일

커뮤니케이션북스(주)
출판 등록 2007년 8월 17일 제313-2007-000166호
02880 서울시 성북구 성북로 5-11
전화(02) 7474 001, 팩스(02) 736 5047
commbooks@commbooks.com
www.commbooks.com

이 책은 커뮤니케이션북스(주)가 저작권자와 계약해 발행했습니다.
본사의 서면 허락 없이는 어떠한 형태나 수단으로도
이 책의 내용을 이용할 수 없음을 알려드립니다.

© 신승인, 2025

ISBN 979-11-430-0822-0 03500

책값은 뒤표지에 표시되어 있습니다.

차례

AI 시대의 길을 찾는 지도와 칼, 생존 전략

AI 혁명의 시작

인공지능 혁명의 서사는 '기계가 생각할 수 있는가?'라는 질문에서 시작되었다. 그 물음을 처음 세상에 던진 인물은 바로 앨런 튜링(Alan Turing)이다. 튜링은 1950년 "계산 기계와 지능(Computing machinery and intelligence)"이라는 논문을 통해, 기계가 인간처럼 사고할 수 있는지를 판별하기 위한 '튜링 테스트(Turing Test)'를 제안했다. 이 논문은 인공지능의 철학적, 기술적 출발점이었다. 하지만 그 후 인공지능 발전이 곧바로 성공의 길을 걷지는 않았다. 1950년대 말부터 1970년대까지 이어진 초기 인공지능 연구는 대부분 규칙 기반 시스템(rule-based system)과 논리 추론에 의존했지만, 복잡한 현실 세계의 문제를 다루기엔 역부족이었다. 이로 인해 1974년부터 약 10년간 인공지능 연구 예산이 급삭하고 관심이 식은 '제1차 AI의 겨울'이 도래했다. 그 후 인공지능은 잠시 부활을 맞이했지만 바로 '제2차 AI 겨울'이 시작되어 1987년부터 1990년대 중반까지 지속되었다. 기대와 투자가 기술의 한계에 번번이 부딪혔기 때문이다.

그러나 실패 속에서도 인공지능 기술은 발전을 멈추지 않았다. 2000년대 들어 인공지능은 기계학습(Machine Learning), 심층신경망(Deep Learning), 자연어처리(Natural Language Processing), 멀티모달(Multi-modal) 등 기술적 진화를 거듭하며 부활했고, 특히 2020년대 이후 '생성형 AI'가 상용화되면서 '현실의 기술'로 확고히 자리 잡게 되었다.

2022년 11월 탄생한 챗GPT는 진정한 인공지능 대중화의 신호탄이었다. 챗GPT는 출시 두 달 만에 사용자 1억 명을 돌파하며 전례 없는 속도로 확산되었고, 이후 제미나이(Gemini), 클로드(Claude), 퍼플렉시티(Perplexity), 딥시크(DeepSeek) 등 고성능 '생성형 AI'가 경쟁적으로 등장하며 멀티모달, 딥리서치 탐색, 상호 작용형 에이전트의 시대로 확장되었다. 구글의 동영상 인공지능 도구 '비오3(Veo3)'는 2025년 I/O 콘퍼런스에서 공개된 가장 혁신적인 생성형 인공지능 모델로 소리까지 포함된 동영상 생성이 가능해졌다. '비오(Veo)'와 이미지 생성 모델 '이매진(Imagen)', '제미나이(Gemini)'를 결합한 '플로우(Flow)'는 자연어 입력만으로도 영화 제작이 가능하다. 2024년 노벨물리학상은 'AI 신경망 기초'를 확립한 토론토대학교의 제프리 힌턴(Geoffrey Hinton), 프린스턴대학교의 존 홉필드(John Hopfield) 교수가 수상했다. 데미스 허사비스(Demis Hassabis), 존 점퍼(John M. Jumper) 등은 'AI를 활용한 단백질 구조 예측'으로 동년에 노벨화학상을 수상했는데 이들은 인공지능을 활용하여, 화학자들이 50년 이상 해결하지 못한 단백질의 3차원 구조를 예측하는 문제를 성공적으로 해결하여 인류의 질병 치료에 획기적인 공헌을 했다.

현재 인공지능 발전의 궁극적 목표는 일반인공지능(Artificial General Intelligence, AGI) 구현이다. 일반인공지능은 인간과 같은 수준의 범용적 지능을 가진 인공지능으로, 특정 분야에 국한되지 않고 모든 인지적 작업에서 인간 수준 이상의 성능을 발휘할 수 있는 시스템을 의미한다. 오픈AI의 최고경영자(CEO) 샘 올트먼(Sam Altman)은 2024년 세미나에서 "AGI가 2027년경 실현될 수 있을 것으로 전망"했으며, 구글 딥마인드의 데미스 하사비스는 2030년대 초반에 구현될 것으로 예측하고 있다. 미래학자 레이 커즈와일(Ray Kurzweil)은 인공지능이 인간 지능을 넘어서는 기술적 특이점(Technological Singularity)이 2045년 도래할 것으로 예측했으나 최근

그 시기를 앞당기고 있다. 인공지능은 다만 시기의 문제일 뿐, 인류 문명 전체에 근본적 변화를 가져올 것으로 예측되고 있다. 이러한 변화는 단순한 기술의 진보가 아니라 '디지털 빅뱅(Digital Big Bang)'이며 '문명사적 전환'의 시작이라고 할 수 있다. 그래서 지금 이 순간 우리는 그 변화의 중심에서, 새로운 지도를 펼쳐야 할 시간에 서 있다.

AI와 직업 지형의 충돌

거대한 지각판의 충돌이 지형을 재편하듯, 인공지능의 급속한 발전은 기존 직업 생태계와 정면으로 충돌하며 노동 시장을 재편하고 있다. 2025년 1월 세계경제포럼(WEF)이 발표한 《2025년 미래 일자리 보고서(Future of Jobs Report 2025)》에 따르면 전 세계 고용 시장의 약 23%가 향후 5년 내 인공지능과 자동화 기술로 인해 변형되거나 재편될 것으로 예상된다. 이는 약 4억5천만 개의 일자리에 해당하는 충격적인 규모로서, 관리자, 회계사, 은행 직원, 텔레마케터, 데이터 입력원 등이 가장 빠른 속도로 감소할 직무군으로 지목되었다. 매킨지 글로벌 연구소(MGI)의 2023년 보고서는 더욱 구체적인 전망을 제시하며, 생성형 인공지능이 2030년까지 약 30%의 작업 시간을 자동화할 가능성이 있고, 이는 유럽과 미국에서만 1,200만 건 이상의 직업 이동을 촉발할 것이라고 분석했다.

이러한 충돌은 과거 산업혁명과는 완전히 다른 양상을 보인다. 한국은행의 'AI 노출 지수' 분석에 따르면, 일반의와 의사, 철도 및 전동차 기관사, 화학과 금속 재료 기술자, 발전 장치와 상하수도 처리 장치 조작원 등이 인공지능 영향으로 인해 가장 높은 대체 위험을 보였다. 고학력을 요구하는 전문직까지 인공지능의 직접적 영향권에 들어간 것이다. 특히 아마존, 마이크로소프트 등과 같은 테크 기업에서는 연봉 4억 원을 넘는 엔지니어링 디렉터, 데이터 과학자, 제품 매니저들조차 인공지능으로 인한 구조 조정의 대상이 되고 있다. 2025년 5월 마이크로소프트는 전체 직원의 3%에 해당하는 6,000명을 해고한다고 발표했는데 이 중 40%는 IT 및 소프트웨어 개발자들이어서 기존의 사고에 혼란을 가져왔다. 메타는 동월에 3,600명의 해고를 발표했다. 앤트로픽(Anthropic) CEO 다리오 아모데이(Dario Amodei)는 2025년 6월 CNN에 출연하여 "AI는 거의 모든 지적 작업에서 인간보다 더 나아지기 시작했으며, 향후 5년 내에 초급 사무직의 50%를 없애고 실업률을 20%까지 높일 것"이라고 말했다.

또 인공지능은 초기 예상과 달리 창작과 지식 노동의 영역도 침범하고 있다. 작가, 디자이너, 웹툰 작가, 언론인 등 창의성을 핵심으로 하는 직업들이 '생성형 AI'의 직접적 타격을 받고 있으며, 법률 사무 보조, 회계 업무, 대출 심사 등 고도의 전문성을 요구하던 업무들이 인공지능에 의해 자동화되고 있다. 매킨지 분석에 따르면, 미국의 경우, 전체 경제에서 자동화 가능한 활동이 전체의 51%에 달하며, 특히 데이터 처리(69%)와 분석 업무(61%)에서 자동화 가능성이 높게 나타났다. 이와 함께 제조업, 서비스업의 단순 반복적 업무들은 80% 수준까지도 기계로 대체될 수 있을 것으로 전망되었다.

그러나 인공지능으로 인한 충돌과 동시에 완전히 새로운 직업 대륙도 형성되고 있다. 링크드인(LinkedIn)이 발표한 《2025년 가장 유망한 직업》 보고서에 따르면 2022년부터 2024년까지의 미국 내 채용 증가율을 분석한 결과 'AI 엔지니어'가 1위, 'AI 컨설턴트'가 2위를 차지했다. 세계경제포럼은 2025년까지 전 세계적으로 약 6,900만 개의 새로운 일자리가 창출될 수 있다고 전망했다. 자율주행차와 전기자동차 분야는 향후 5년 동안 40% 이상, 'AI 머신러닝 전문가'는 35% 이상 일자리가 증가할 것으로 예측된다. 'AI 트레이너', '데이터 큐레이터', 'AI 윤리 관리자', 'AI 생성물 감별사' 등은 10년 전에는 거의 존재하지 않았던 직업들이다. 아울러 인공지능 전문 기술을 갖춘 직업인은 일반 직업인보다 평균 25%의 임금 프리미엄을 누리고 있다. 미국의 데이터베이스 관리자와 디자이너는 인공지능 전문 기술을 갖췄을 경우 50% 이상의 임금 상승을 기대할 수 있으며, 법률과 재무 분석, 프로그래밍 분야에서도 유사한 프리미엄이 관측된다. 전 세계적으로 최고급 수준의 인공지능 개발 전문가와 실무 경험을 갖춘 고급 인력의 절대적 부족으로 구인난이 심화되고 있는 상황이다. 향후 자동화로 인해, 중간 소득 직업군이 대폭 감소하면서 소득의 양극화가 심화되고, 고소득 전문직은 유지되는 반면 중간 계층의 일자리가 사라지는 중간층 공동화 현상이 가속화될 것으로 예상된다.

지금 우리는 거대한 '직업 지형 재편'의 지도 위에 서 있다. 인공지능이 충돌하는 경계선과 새로운 지형이 펼쳐지는 곳, 사라지는 직무와 새롭게 떠오르는 능력의 지점이 교차하고 있다. 우리에게 필요한 것은 기술에 대한 막연한 두려움이나 추상적 담론이 아니라, 변화의 흐름을 냉정하게 직시하고 나만의 진로 경로를 재설계할 수 있는 지도와 나침반이다.

새로운 루트맵: 공존과 협업의 기술

인공지능 시대의 생존 전략은 단순한 기술 습득을 넘어 '협업 능력'이라는 새로운 형태의 역량을 갖추는 것이다. 이제 인간은 인공지능을 도구로 사용하는 수준을 넘어서, 인공지능과 함께 사고하고 판단하고 결정하는 협력 파트너로서 역할을 해야 한다. 이것이 바로 공존의 루트맵이 필요한 이유다. 세계경제포럼은 《2025년 미래 일자리 보고서》에서 "향후 5년간 가장 중요하게 부각될 직무 역량 중 하나는 '인공지능 및 빅데이터 협업 능력'"이라고 명시하였고, 인간과 인공지능의 상호 작용 역량이 새로운 고용 기회의 기준이 될 것이라고 강조했다. 또한 매킨지 보고서(2024)는 인공지능이 도입된 직장에서 인간과 인공지능이 공통의 과제를 수행할 경우, 의사 결정 속도는 최대 3.5배, 문제 해결력은 2.2배 향상된다고 밝혔다.

하지만 협업은 저절로 이뤄지지 않는다. 인간, 인공지능과의 협업에는 몇 가지 기본 원칙과 기술이 요구된다. 첫째, 인간이 인공지능의 작동 원리와 한계를 정확히 이해하고 있어야 한다. 아직은 인공지능이 학습된 데이터에 기반하여 확률적 예측을 할 뿐, 진정한 이해는 하지 못하는 점을 인지해야 한다. 둘째, 인간은 인공지능의 응답을 무비판적으로 수용하지 않고, 교차 검증하며 새로운 맥락을 창조하는 역할을 수행해야 한다. 셋째, 인간의 고유 역량인 직관, 공감, 윤리적 판단, 창의성은 인공지능이 대체하기 어려운 부분이므로 더욱 강화되어야 한다. 실제로 다수 글로벌 기업과 교육 기관들은 'AI 협업형 인재'를 양성하기 위한 훈련 시스템을 도입하고 있다. 지멘스는 'AI 동료와 함께 일하는 팀 프로젝트'를 정규직 채용 평가에 포함하고 있으며, IBM은 2023년부터 'AI 기술 아카데미(AI Skills Academy)'를 통해 전 세계 직원에게 인공지능 윤리, 프롬프트 설계, 협업 기반 코딩 등 실전형 협업 스킬을 가르치고 있다. 마이크로소프트는 2024년부터 '업무를 위한 코파일럿(Copilot for Work)'이라는 프로젝트를 통해 모든 직무군에 'AI 도우미'를 도입하고, 직원들의 인공지능 활용 능력과 협업 기획 역량을 동시에 평가하고 있다.

우리나라에서도 이러한 변화가 활발히 일어나고 있다. 삼성전자는 2024년부터 '생성형 AI 파워유저 프로그램(GenAI PowerUser Program)'을 통해 임직원이 인공지능을 업무에 적극 활용할 수 있도록 지원하며, 특히 신입사원 채용 시 인공지능 도구 활용 능력을 필수 평가 항목으로 포함하고 있다. LG그룹 역시 2025년부터 '엑사원(Exaone) 협업 시스템'을 도입하여 직원들이 자사 개발 인공지능과 협업하는 역량을 기업 내부 승진 평가에 반영하고 있다.

인공지능과의 협업은 단순한 기술 습득보다 훨씬 복잡하고 섬세한 과정을 요구한다. 인간은 과거에 기계나 기술을 통제하거나 관리하는 위치에 있었지만, 지금은 기술과 함께 판단하고 결정하며 '공동 수행자'로 작동해야 하기 때문이다. 이는 단지 도구를 활용하는 것 이상으로, 정체성과 역할의 전환을 필요로 한다. 결국 공존의 루트맵은, 인공지능 시대를 살아가는 인간의 자기 정체성과 사고방식의 재설계에서 출발해야 한다.

질문력과 실력의 시대

현재 대규모언어모델(LLM)들의 학습량은 얼마나 될까? GPT-3는 약 45TB의 텍스트 데이터를 학습한 것으로 알려졌으며, 더욱 최신의 GPT-5, 클로드 같은 모델들은 수백 테라바이트(TB)에서 페타바이트(PB) 규모로 추정된다. 이는 우리나라 국립중앙도서관(장서 수 1,500만 권) 수준의 전 세계 우수 도서관 100개를 합한 것보다 많고 500쪽 분량 책 기준으로 약 1억~10억 권의 도서를 읽은 것과 비슷하다. 약 2,000만 쪽의 위키피디아 전체를 수

천 번 읽은 것과도 같다. 또한 GPT-4는 2023년 미국 변호사 시험(Bar Exam)을 상위 10% 이내로 합격했으며 최신 모델 o3는 2025년에 법대 기말고사에서 최상위권 성적을 획득했다. 버펄로 대학에서 개발한 의료 인공지능 SCAI(Semantic Clinical AI)는 미국의사시험(USMLE)에서 95.2%의 점수를 받았는데 이는 의사 평균 합격점을 크게 상회하는 점수다. 지금 이 순간에도 인공지능의 학습량은 비약적으로 증가하고 있다. 이러한 추세로 볼 때, 2030년경 우리나라 대학수학능력시험의 최고 득점자는 인간일까 혹은 인공지능일까 고민하게 된다.

이제 우리는 근본적인 질문을 던져야 한다. 인공지능이 인간을 압도하는 암기력과 정보 처리 능력을 보여 주는 시대에, 인간의 진정한 경쟁력은 무엇일까? 답은 명확하다. 바로 '질문하는 능력'이다. 인공지능은 이미 우리가 외우려고 애썼던 모든 분야의 지식을 보유하고 있으며 시간이 갈수록 더욱 강화될 것이다. 하지만 인공지능에게 어떤 질문을 하느냐에 따라 얻어지는 답의 질은 천차만별로 달라진다. 좋은 질문은 인공지능의 방대한 지식을 우리가 원하는 방향으로 이끌어 내며, 잘못된 질문은 아무리 뛰어난 인공지능도 무용지물로 만들어 버리기 때문이다.

2024년 구글 딥마인드의 실험 결과에 따르면, 인간이 인공지능에게 던지는 질문의 수준이 결과물의 창의성과 정확성을 크게 좌우했다. 마이크로소프트, IBM, 오픈AI 등도 자사 교육 프로그램에서 '프롬프트 설계력', '문제 재정의 능력'을 미래 핵심 역량으로 강조하고 있다. 이와 같은 질문력은 선천적인 능력이 아니라 훈련 가능한 기술이다. 좋은 질문의 구조는 '사실(Factual)-해석(Interpretive)-비판(Critical)'의 3단계 구조다. 이 3단계 질문법을 반복하는 과정에서 우리는 단순히 정보를 끌어내는 것을 넘어, 사고의 초점과 범위를 확산하며 내면을 발전시키고 진정한 변화에 이르게 된다. 데카르트는 "나는 생각한다, 고로 존재한다(Cogito ergo sum)"라는 명제로 질문적 사유를 철학의 출발점으로 삼았고, 아인슈타인은 "나는 문제를 푸는 것보다 좋은 질문을 던지는 데 더 관심이 있다"라고 말하며 질문의 위상을 드높였다.

이러한 변화 속에서 우리는 '스킬 이코노미(Skill Economy)'의 도래를 마주하고 있다. 스킬 이코노미는 학력이나 자격보다 실제 실행 능력을 중심으로 능력을 평가하는 새로운 경제 질서다. 링크드인의 《2023년 글로벌 채용 보고서》에 따르면, 세계 주요 기업의 75%는 학위보다 직무 기술을 중시한다고 밝혔다. 애플, 구글, 테슬라, IBM 등은 채용 공고에서 학위 요건을 명시하지 않고, 대신 프로젝트 기반 포트폴리오와 문제 해결력 중심의 채용 방식을 확산시키고 있다. 스킬 이코노미에서는 '보이는 스펙'보다 '기록되는 실력'이 중요하다. 실제로 무엇을 만들 수 있는가, 어떤 문제를 해결했는가, 누구와 어떻게 협업했는가가 커리어의 핵심 지표가 된다. 앞으로 인공지능 시대에는 이러한 경향이 더욱 가속화될 것이다. 인공지능이 대신할 수 없는 고유한 문제 해결력과 창의적 실행력을 보유한 개인만이 경쟁력을 유지할 수 있기 때문이다. 졸업장이 아닌 결과물로 말하고, 이론이 아닌 실행으로 증명하는 사람만이 살아남을 수 있다.

AI 윤리의 경계 지도

기술이 발전하는 세상은 무조건 축복받은 세상인가? 인공지능이 만들어 낸 결정에 대한 책임은 누구에게 있는가? 사용자인가, 개발자인가, 아니면 기업과 사회 전체인가? 이러한 물음은 단순한 철학의 차원을 넘어서 오늘날 우리 사회가 실제로 직면한 제도적, 법적, 도덕적 문제다. 국제사회는 이러한 문제에 대응하기 위해서 여러 윤리 기준을 마련하고 있다. 2021년 유네스코(UNESCO)는 세계 최초로 'AI 윤리 권고안'을 채택해 인권, 투명성, 다양성, 지속 가능성 등의 가치를 중심으로 인공지능의 설계 및 사용 원칙을 정립했다. 유럽연합(EU)은 2024년 'AI 규제법(AI Act)'을 통과시켜, 인공지능의 위험 수준에 따라 등급을 분류하고, 고위험 인공지능에 대해서는 투명성과 감시를 의무화했다. 우리나라에서는 2020년 12월 과학기술정보통신부에서 '인공지능(AI) 윤리 기준'을 발표하였으나 실효성에 다소 논란이 있었다. 2024년 12월에는 국회에서 '인공지능기본법'이 통과되어 2026년 1월부터 시행될 예정이다. 이 법은 인공지능 기술의 건전한 발전과 신뢰 기반 조성에 관한 사항들을 규정하여 국민 권익 보호와 삶의 질 향상을 목적으로 한다. 또한 행정안전부를 중심으로 정부가 공공 분야에서 인공지능 기술이나 서비스를 도입할 때 편향성, 투명성 등을 살펴보는 'AI 영향평가 제도'를 2026년부터 의무화할 예정이다.

이러한 국제사회와 정부 차원의 노력과 더불어, 주요 기업들도 자체적인 인공지능 윤리 가이드라인을 수립하고 실행에 옮기고 있다. 구글은 인공지능 기술의 책임감 있는 개발과 배포를 위한 포괄적인 프레임워크인 'AI 원칙(AI Principles)'을 수립했다. 이 원칙은 사회적 유익성, 불공정과 편견의 해소, 안정성, 책임성, 개인정보 보호, 과학적 우수성 강조의 6가지 주요 가치를 핵심으로 하고 있다. 챗GPT를 개발한 오픈AI는 '안전하고 유익한' 일반인공지능(AGI) 개발을 목표로 하고 있는데 인공지능 기술의 윤리적 고려 사항을 개발 과정에 통합하는 데 선도적 역할을 하고 있으며, 인공지능의 편향성 해결, 투명성 확보, 사회적 영향 고려 연구에 집중하고 있다. 삼성SDS는 유네스코의 'AI 윤리 가이드라인'을 토대로 자체 'AI 윤리 헌장'을 수립하여 인공지능 기술 개발과 활용에 적용하고 있다. 이 헌장은 인간 중심 가치, 평등과 다양성, 데이터 투명성과 보안, 환경과 생태계 고려, 설명 가능성과 책임성이라는 5대 핵심 원칙으로 구성되어 있다.

인공지능 윤리와 관련하여 현실적으로 간과할 수 없는 또 하나의 중요한 부분은 사이버 보안이다. 과거 IT 발전의 초기에도 보안은 중요했으나 인공지능 시대에 들어 사이버 보안의 중요성은 아무리 강조해도 지나치지 않다. 과거 IT 초기의 사이버 침해는 주로 시스템 해킹, 바이러스 확산, 개인정보 유출 등 비교적 단순한 형태였다. 하지만 현대 인공지능 시대의 사이버 침해는 딥페이크(Deepfake)를 이용한 신원 위조, 인공지능 기반 피싱 공격, 인공지능을 통한 정보 조작 등 훨씬 정교하고 지능적인 양상을 보인다. 금융 분야의 피해가 제일 많은데, 실제 피해 사례로 2023년 홍콩의 한 다국적 기업에서는 딥페이크 기술로 CEO를 사칭한 화상회의를 통해 2,500만 달러를 편취당한 사건이 발생했다. 사기꾼들은 사칭한 CEO뿐만 아니라 참석한 모든 직원의 얼굴을 딥페이크로 재현하여 사람들이 의심하기 어려웠다고 보도되었다. 2024년 영국 글로벌 엔지니어링 회사의 사기 사건에서도 인공지능 딥페이크를 활용한 화상회의를 이용하여 거액의 금전을 갈취했다. 2024년 미국 대선에서 조 바이든 대통령의 목소리를 모방한 생성형 인공지능 전화 사기 사건은 인공지능 활용 조작이 민주주의를 위협하는 사례로 기록되었다.

이러한 위협에 대한 대응책은 'AI 리터러시(AI Literacy)' 교육을 통해 인공지능 기술의 원리와 한계를 이해하고 가짜 정보를 식별할 수 있는 능력을 기르는 것이다. 한국지능정보사회진흥원(NIA)은 2024년 12월 "AI 일상화 시대의 위협, 딥페이크 대응 방안"에서 법적, 제도적 방안으로 '딥페이크 콘텐츠 제작 · 유포의 처벌 강화, 피해자 보호 지원, 플랫폼 규제 강화, 국제 공조 확대', 그리고 기술적 방안으로 'AI 탐지 시스템 고도화, 워터마킹 · 디지털 포렌식 기술 개발, 딥페이크 사전 차단 필터링 구축', 교육적 방안으로 '미디어 리터러시 교육 강화, 딥페이크 위험성 및 대응 방법 교육, 대국민 인식 개선 캠페인 추진'을 제시한 바 있다.

인공지능 윤리는 먼 미래의 이야기도, 기업이나 정부만의 책임도 아니다. 우리가 매일 스마트폰을 켜서 검색을 하고, 챗GPT 등에게 질문을 던지고, 인공지능 번역기를 사용하는 순간부터 인공지능 윤리는 이미 우리 삶 속에 깊숙이 들어온 것이다. 인공지능 윤리를 실현하는 확실한 방법은 거창한 선언이나 제도가 아닌, 바로 '나부터 시작하는 일상의 작은 실천'이다. 인공지능 도구를 사용할 때는 항상 출처를 명시하고 인공지능이 제공하는 정보는 검증하는 습관을 기르는 것이 필요하다. 인공지능을 이용할 때 본인의 개인정보를 소중하게 관리함과 동시에 타인의 프라이버시 보호에도 노력해야 한다. 그리고 인공지능 기술에 익숙하지 않은 사람들, 특히 고령층이나 디지털 접근성이 떨어지는 사람들에 대한 배려도 중요한 윤리적 실천 방법의 하나다. 마치 올바른 교통질서가 모든 운전자 개인의 양심과 실천으로 유지되는 것처럼, 인공지능 윤리도 우리들 각자의 일상적 실천에서 시작되며 그것은 더 나은 미래를 만드는 첫걸음이 될 것이다.

'나만의 커리어 나침반' 만들기

이 책의 목적은 인공지능 시대에 독자가 스스로 '나만의 커리어 나침반'을 설계하는 것이다. 인공지능 시대는 급속한 기술 발전, 불확실성과 변화가 일상이 되는 시대다. 그러한 변화 속에서 방향을 잃지 않고 미래로 나아가기 위해 필요한 것은 완벽한 미래 예측이 아니라, '올바른 지도'와 '흔들리지 않는 나침반'이다. 인공지능 시대의 커리어 설계는 더 이상 상급 학교 진학이나 직업 선택 등에 그치지 않는다. 그것은 변화에 능동적으로 적응하고, 자신의 능력을 꾸준히 진화시키며, 새로운 기회를 포착할 수 있는 전략적 사고의 결과물이다.

이 책은 다음의 10장으로 구성되어 있다. 1장 AI 빅뱅 시대, 2장 AI와 직업 지형의 충돌 지도, 3장 직업의 미래 경계선, 4장 공존의 루트맵, 5장 윤리의 경계 지도, 6장 스킬 이코노미의 시대, 7장 AI 시대 핵심 역량, 8장 청소년과 대학생을 위한 AI 활용법, 9장 커리어 리셋 로드맵, 10장 나만의 커리어 나침반 만들기다. 각 장에서는 국제노동기구(ILO), 세계경제포럼 등 주요 국제기구 데이터와 실제 사례를 바탕으로, 사라지는 직업과 떠오르는 직업, 직업 지형도의 변화, 인공지능과 인간 협업의 기술, 인공지능 시대 직업 윤리, 질문력과 실력 중심의 경쟁력을 기르는 이론과 구체적 사례들을 제시했다. 또 단순한 이론 설명을 넘어서 실행 가능한 액션 플랜을 제공하려고 노력했다. 예를 들어, 인공지능 도구를 활용한 개인 브랜딩 전략, 포트폴리오 제작, 미래 역량 개발 로드맵 등을 구체적으로 안내한다.

이 책이 특별한 이유는 '무엇을 해야 할까?'에 대한 답을 제공하는 것이 아니라, '어떻게 생각해야 할까?'에 대한 사고의 틀을 제공하는 점이다. 인공지능이 많은 일을 대신할 수 있는 시대에, 인간만이 할 수 있는 고유한 가치는 무엇인지, 기술과 인간이 어떻게 조화롭게 공존할 수 있는지, 그리고 변화하는 세상에서, 변하지 않는 나만의 핵심 가치는 무엇인지를 탐구한다. 독자별로 구체적인 활용 방안을 제시했다. 중고생은 챗GPT에 자신의 관심 분야와 성향을 입력해 맞춤형 진로 탐색을 하고 학습 계획을 세울 수 있다. 대학생은 전공과 인공지능 기술을 융합한 차별화된 포트폴리오를 구축하여 취업 경쟁력을 높일 수 있다. 직장인은 업무 자동화와 효율성 향상을 통해 역량을 개발하고, 더욱 창의적이고 전략적인 업무에 집중하며, 리스킬링(reskilling), 업스킬링(upskilling)을 체계적으로 진행할 수 있다.

궁극적으로 이 책은 독자가 인공지능 시대라는 거대한 변화의 바다에서 자신만의 등대를 세우고, 흔들리지 않는 신념과 유연한 적응력을 갖춘 진정한 항해사가 되도록 안내하는 지도와 나침반 역할을 할 것이다. 인공지능 시대, 정해진 길은 없지만, 방향을 알고 전진하는 사람은 결국 목적지에 도달할 것이다.

참고문헌

과학기술정보통신부(2020). "인공지능(AI) 윤리 기준".

국가법령정보센터. "인공지능 발전과 신뢰 기반 조성 등에 관한 기본법(약칭: 인공지능기본법)". 법제처.

삼성전자(2024). "AI 네이티브 워크플로우, 차세대 인재 양성 프로그램 운영". https://news.samsung.com/kr/삼성전자-임직원-ai-교육으로-미래-인재-양성

이코노미조선(2024.10.14). "딥러닝 이끈 'AI 대부' '알파고 아버지'… 응용 과학 이례적 수상".

인공지능신문(2024.11.12). "구글 딥마인드, 단백질 구조 예측 AI '알파폴드3' 오픈소스로 전격 공개… "인류의 건강과 복지에 크게 기여할 것"".

한국지능정보사회진흥원(NIA)(2024). "AI 일상화 시대의 위협, 딥페이크 대응 방안". 《The AI REPORT》.

한지우·오삼일(2023). "AI와 노동시장 변화". 《BOK 이슈노트》,

2023–30.

Altman, S.(2024). Sam Altman on the future of AI. Davos 2024 Forum.
http://https://www.weforum.org/stories/2024/01/davos-2024-sam-altman-on-the-future-of-ai/

Amodei, D.(2025). AI Impact on Employment: CNN Interview. CNN Business.
https://edition.cnn.com/2025/05/29/tech/ai-anthropic-ceo-dario-amodei-unemployment

European Union(2024). AI Act: Regulation on Artificial Intelligence. European Commission.
https://commission.europa.eu/news-and-media/news/ai-act-enters-force-2024-08-01_en

Kurzweil, R.(2023). *The Singularity is Nearer: When We Merge with AI.* Viking Press.

LinkedIn(2025). The World's Fastest-Growing Jobs in 2025. LinkedIn Talent Blog.
https://www.linkedin.com/business/talent/blog/talent-acquisition/worlds-fastest-growing-jobs-2025

McKinsey Global Institute(2023). Generative AI and the future of work in America. MGI.
https://www.mckinsey.com/mgi/our-research/generative-ai-and-the-future-of-work-in-america

Turing, A. M.(1950). Computing Machinery and Intelligence. *Mind, 59*(236), pp.433-460.

World Economic Forum(2025). The Future of Jobs Report 2025.

01
AI 빅뱅 시대

우리는 현재 인공지능(AI)이라는 '빅뱅'을 맞이하고 있다. 인공지능은 인간의 사고와 언어, 창의와 판단, 심지어는 감정의 구조마저 재정의하고 있다. 이 거대한 변곡점 앞에서 우리는 한 가지 질문을 던진다. "AI는 어디서부터 시작되었고, 어디로 우리를 데려갈 것인가?" 인류가 오랫동안 품어 온 기계 지능에 대한 상상부터, 튜링 테스트와 다트머스 회의를 거쳐 챗GPT와 멀티모달, AGI에 이르기까지의 여정을 살펴본다.

AI와 1인 창업?

AI의 기원과 인간의 상상력

인공지능(AI)의 뿌리는 고대 그리스까지 거슬러 올라간다. 고대 그리스인들은 인공적 존재인 기계 인간이나 자동 장치가 존재할 수 있다고 상상했다. 올림포스 12신 중 대장장이의 신 헤파이스토스가 만든 청동 거인 탈로스(Talos)가 대표적이다. 제우스가 아들 크레타 왕 미노스에게 준 탈로스는 크레타섬을 하루 세 번 순찰하며 침입자를 막는 역할을 했다. 탈로스는 해적이나 외부 선박이 보이면 바위를 던지고, 상륙하면 자신의 몸을 뜨겁게 달구어 포옹하여 태워 없앴다. 이런 탈로스에게도 약점이 하나 있었는데 목부터 발목 뒤꿈치까지 이어지는 하나의 혈관이 있었는데 이 뒤꿈치를 공격하면 과다 출혈로 시스템이 다운되었다. 이러한 신화적 상상은 후대 철학자들의 합리적 탐구로 이어졌다. 철학자 아리스토텔레스의 연역적 추론과 삼단논법은 지능을 체계적으로 이해하는 토대를 마련했으며, 그의 논리 체계는 후에 인공지능의 형식화된 사고 과정에 중요한 영향을 미쳤다.

중세, 근대를 거치면서 1800년대 후반까지 다양한 수학자, 철학자, 신학자, 사상가, 작가 들이 계산 기계 및 자동 장치에 대해서 관심을 가지고 숙고했다. 1726년 조너선 스위프트(Jonathan Swift)는 《걸리버 여행기

(Gulliver's Travels)》를 발표하였는데 여기에서는 새로운 문장과 글을 만들어 내는 '엔진'이라는 동력 기계 장치를 소개했다. 1872년 새뮤얼 버틀러(Samuel Butler)는 소설 《에레혼(Erewhon)》에서 미래의 불확실한 시점에서 기계가 의식을 가질 가능성이 있다는 개념을 서술하였다. 1921년 카렐 차페크(Karel Čapek)는 희곡 《R.U.R.[로숨(Rossum)의 유니버설 로봇(Universal Robots)]》을 발표했는데 여기서 '로봇(robot)'이라고 불리는 인공물을 처음 소개했다. 《R.U.R.》은 이후 30개국 이상에서 번역 출판되었고, 이후 '로봇'이라는 단어가 유행하게 되었다. 이처럼 인공지능에 대한 상상의 뿌리는 길고 깊지만, 현재 우리가 마주하는 인공지능의 실질적 역사는 한 세기도 채 되지 않는다.

현대 인공지능의 탄생과 진화

1950~2000년: AI의 기초 구축 시대

현대 인공지능의 역사는 1950년경부터 시작되어 약 75년의 역사를 갖는다. 1900년대 초반부터 축적된 아이디어와 초기 컴퓨터 기술, 디지털 개념을 바탕으로 1950년대 튜링 테스트와 다트머스 회의를 기점으로 시작된 현대 인공지능은 상상과 이론의 영역을 넘어 세계적 파장을 불러일으키는 단계로 진화해 왔다. 인공지능은 점점 더 인간의 언어, 추론, 감각을 모방하고 이해하는 방향으로 발전하고 있으며, 전 산업과 인간 삶의 모든 영역으로 확장되고 있다. 특히 챗GPT의 등장은 인공지능을 전문가의 도구가 아닌 대중의 일상 속으로 끌어들였고 모든 국가, 주체들이 인공지능 패권을 잡기 위해 치열하게 경쟁하는 중이다. 1950년 10월, 앨런 튜링은 학술지 ≪마인드(MIND)≫(59권 236호)에 논문 "계산 기계와 지능"을 발표하며 기계의 지능 여부를 판단하는 '튜링 테스트'를 제안했다. 이는 기계의 지능, 의식, 능력에 대한 논의의 출발점이 되었다. 오늘날 우리가 사용하는 '인공지능(AI)'이라는 용어는 1956년 뉴햄프셔주 다트머스 대학에서 2개월간 개최된 "인공지능에 관한 다트머스 여름 연구 프로젝트"에서 탄생했다. 당시에는 크게 주목받지 못했지만, 지금은 인공지능 역사의 출발점으로 평가받는 이 프로젝트에서 존 매카시(John McCarthy), 클로드 섀넌(Claude Shannon), 마빈 민스키(Marvin Minsky) 등이 인공지능의 범위와 목표를 정의하고 최초의 추론 프로그램을 시연했다. 이후 1958년 매카시가 인공지능 연구용 프로그래밍 언어 'Lisp'을 개발했고, 1959년 아서 새뮤얼(Arthur Samuel)이 IBM에서 '기계학습(Machine Learning)'이라는 용어를 처음 사용했다. 1977년 개봉된 조지 루카스 감독의 영화 〈스타워즈〉에 등장한, 600만 개의 은하계 언어를 자동 번역하는 휴머노이드 로봇 'C-3PO'는 과학자들에게 인공지능 기술 발전에 큰 영감을 주었다.

2000년~현재: AI의 실용화와 대중화 시대

2000년 혼다가 세계 최초의 2족 보행 휴머노이드 로봇 아시모를 출시했다. 아시모는 운동 제어를 통해 걷기, 계단 오르기, 선회 등이 가능한 획기적인 로봇이었다. 2004년에는 미국 항공우주국(NASA)의 탐사 로봇 스피릿과 오퍼튜니티가 인간의 개입 없이 화성 표면을 탐사했다. 2011년 IBM의 인공지능 컴퓨터 왓슨(Watson)이 미국 퀴즈쇼 〈제퍼디(Jeopardy)〉에서 우승하며 인공지능 언어 이해 능력을 입증했다. 왓슨은 이후 종양학, 방사선학, 법학, 소비자 서비스 등 다양한 분야로 응용되었다. 2016년은 인공지능 역사의 중요한 전환점이었다. 구글 딥마인드가 개발한 바둑 프로그램 알파고(AlphaGo)가 "구글 딥마인드 챌린지 매치"에서 이세돌 9단과 대결해 4:1로 승리했다. 이 사건은 인공지능에 대해서 전 세계적 관심을 불러일으켰다.

그러나 여전히 많은 사람들은 인공지능의 활용이 매우 제한적인 범위에 국한된다고 생각했다. 인공지능 역사상 가장 극적인 변화는 2022년 11월에 등장한 챗GPT였다. 오픈AI가 개발한 대화형 언어모델 챗GPT는 공개 2개월 만에 사용자 1억 명을 돌파했고, 현재는 전 세계 인구의 10%에 해당하는 약 8억 명이 사용하고 있다. 이러한 폭발적 성장의 배경은 혁신적인 사용자 경험에 있다.

기존에는 컴퓨터에게 명령을 하려면 파이썬, 자바, 자바스크립트, C 같은 프로그래밍 언어를 배워야 했지만, 챗GPT는 누구나 일상 언어(자연어)로 소통할 수 있게 했다. 현재는 텍스트를 넘어 구글의 제미나이처럼 문자, 음성, 이미지를 동시에 이해하는 '멀티모달 AI'가 일반화되고 있다. 구글은 2025년 6월 딥리서치 기능과 멀티모달, 코딩 능력을 강화한 '제미나이 2.5 프로'를 발표했고, 현재 클로드(Claude), 퍼플렉시티(Perplexity), 딥시크(DeepSeek), 그록(Grok), 코파일럿(Copilot) 등 대화형 인공지능 개발 경쟁이 치열하다. 인공지능은 인류 역사에서 가장 중요한 기술로 평가받고 있으며 스탠퍼드대학교의 앤드루 응(Andrew Ng)은 인공지능을 "새로운 전기(New electricity)"라고 불렀다.

인공지능 기술의 도약과 패권 전쟁

2025년 CES 기조연설에서 젠슨 황(Jensen Huang) 엔비디아(NVIDIA) CEO는 "AI는 새로운 산업혁명의 시작이며, '놀라운 속도(incredible pace)'로 발전하고 있다. 자사의 지포스GPU의 성능은 920억 개의 트랜지스터를 갖추고 초당 3,352조 개의 AI 연산을 수행한다"라고 말했다. 젠슨 황의 말은 현재 인공지능 기술의 도약이 얼마나 급진적이고 본질적인지를 단적으로 보여 준다. 그는 인공지능이 인간의 노동, 창조, 탐색, 설계 등 모든 활동을 가속화하며, "컴퓨팅의 중심에서 물리적 세계로 확장되는 거대한 흐름"이라고 설명했다. 이 선언은 단지 기술적 트렌드가 아닌, 산업과 사회 전반을 바꾸는 'AI 패권 전쟁'의 서막을 의미한다. 현재 생성형 인공지능인 GPT-5, 제미나이 2.5 등은 텍스트뿐 아니라 음성, 영상 등을 동시에 지원하는 '멀티모달 AI'를 구현하고 있다. 앞으로 인공지능은 A2A(Agent-to-Agent), MCP(Model Context Protocol) 등의 기술에 힘입어 여러 인공지능 모델 간 맥락 공유를 통해, 인공지능 간에 서로 의미를 이해하고 협력하는 '협력형 에이전트 AI'로 진화할 것으로 예측된다.

이러한 급속한 발전 속에서 인공지능을 둘러싼 글로벌

패권 경쟁이 미국, 중국, 유럽을 중심으로 치열하게 진행되고 있다. 미국은 트럼프(Trump) 2기 행정부 출범 이후 'AI 인프라'와 국방 · 교육 · 산업 전방위 투자를 1조 달러 이상으로 확대할 것을 공언했다. 대표적으로 '스타게이트 프로젝트(Stargate Project)'를 통해 4년간 720조 원을 'AI 클라우드 데이터센터' 등에 투입하고 있다. 오픈AI, 엔비디아, 오라클(Oracle), 소프트뱅크(SoftBank) 등은 인공지능 주권과 기술 우위를 지키기 위해 연합을 구축 중이다. 중국은 이에 맞서 'AI 플러스 국가 전략'을 발표하고, 향후 6년간 2,000조 원 규모의 'AI 융합 산업' 투자를 공표했다. 즈푸AI(Zhipu AI), 바이촨즈닝(Baichuan Intelligent), 문샷AI(Moonshot AI) 등 '6소호'가 주도하는 민간 인공지능 생태계도 급성장하고 있으며, 딥시크 R1/R2는 저비용 고성능 모델로 미국 기술에 도전장을 던지고 있다. 그 외 유럽연합은 그동안의 'AI 규제' 위주 정책을 완화하며 산업 활성화로 방향을 선회하고 있고, 프랑스 · 독일 · 영국은 데이터센터와 반도체 확보를 위한 대규모 민간 유치에 집중하고 있다. 캐나다는 '국가 주권형 AI 컴퓨팅 전략(AI Sovereign Comput'을 통해 독립형 'AI 인프라 구축'에 2조 원 이상을 투자하고 있다.

인공지능의 미래는 여러 측면에서 다양하게 예측되고

있다. 일반인공지능(AGI)의 접근에 대해서 오픈AI의 샘 올트먼은 2025년 6월 블로그를 통해 "우리는 사건의 지평선을 넘어섰으며, AI는 점진적 특이점(Gentle Singularity)에 진입했다"라고 언급했다. 미래학자 레이 커즈와일(Ray Kurzweil)은 특이점(Singularity)이 2045년보다 앞당겨져, 2030년대 중반 이전에 도래할 가능성이 높다고 전망한다. 이러한 시각은 인공지능의 자율성, 창의성, 적응력이 향상됨에 따라 인간 수준의 인지 기능에 도달할 수 있다는 기대를 반영하고 있다.

이 장의 제목을 'AI 빅뱅'이라 명명한 이유는, 현재 인공지능 기술 발전이 단순한 연속선상의 진보가 아니라 완전히 새로운 질서와 패러다임을 창조하는 '디지털 대폭발'이기 때문이다. 인류는 앞으로 낙관론자들이 말하는 '초생산성, 초협업의 사회'로 나아갈 수도 있고, 비관론자들이 경고하는 '신뢰 위기, 일자리 붕괴, 디지털 통제의 사회'로 갈 수도 있다. 이는 단순히 기술의 문제가 아니라, 우리가 어떤 윤리적, 사회적 나침반을 가지고 미래 기술을 다루느냐의 문제다. 지금 우리에게는 'AI 시대의 미래 지도'를 새롭게 그릴 책임이 있다. 그 지도에는 기술 혁신의 방향과 함께 인간의 존엄과 공존, 지속 가능성의 경로가 함께 표시되어야 한다.

참고문헌

김혁중(2025). "트럼프 2기 행정부의 과학기술 정책 동향과 전망". 《이슈분석》, 280.

한국경제인연합회(2025). "AI 패권경쟁의 기정학(技政學), 우리의 대응전략은?". 한경협 뉴스레터, 14.

NVIDIA blogs(2025). "젠슨 황 CES 2025 기조연설 자료". https://blogs.nvidia.com/blog/ces-2025-jensen-huang

Altman, S.(2025. 6). Beyond the Event Horizon: AI's Gentle Singularity. OpenAI Blog. https://blog.samaltman.com/the-gentle-singularity

Butler, S.(1872). *Erewhon: Or, Over the Range*. Trubner & Co.

Čapek, K.(1921). 〈R.U.R.(Rossum's Universal Robots)〉. Aventinum.

Kurzweil, R.(2023). *The Singularity is Nearer: When We Merge with AI*. Viking Press.

Lucas, G.(1977). 〈Star Wars: Episode IV – A New Hope〉. Lucasfilm Ltd.

Ng, A.(2017). Why AI is the New Electricity. Stanford Graduate School of Business. https://www.gsb.stanford.edu/insights/andrew-ng-why-ai-new-electricity

Swift, J.(1726). *Gulliver's Travels*. Benjamin Motte.

Turing, A. M.(1950). Computing Machinery and Intelligence. *Mind, 59*(236), pp.433~460.

02
AI와 직업 지형의 충돌 지도

인공지능의 급속한 발전이 고용 구조와 직업에 미치는 영향을 ILO(International Labour Organization), WEF(World Economic Forum) 등의 데이터를 기반으로 분석한다. 인공지능으로 인해 사라지거나 축소되는 직업군과 새롭게 창출되는 직업들을 상세히 분석하여 살펴보고, 직업 지형의 재편성과 그 충돌 지점을 구체적 근거를 들어 조망한다.

AI와 MBTI?

인공지능은 직업을 어떻게 바꾸고 있는가?

세계경제포럼이 발표한 《2025년 미래 일자리 보고서(The Future of Jobs Report 2025)》(2025년 1월)에 따르면, 인공지능과 자동화 기술의 도입은 전 세계 직업 구조를 근본적으로 재편하고 있으며, 인공지능의 직접적 영향으로 인해 향후 5년 내 약 9,200만 개의 일자리가 사라질 것으로 예측된다. 동시에 약 1억7,000만 개의 새로운 직무가 생성되면서, 노동 시장은 대규모의 구조적 전환기를 맞이하고 있다.

대표적인 사례로 미국의 딜로이트(Deloitte)는 자체 개발한 설루션(Omnia, DARTbot)과 외부 기관(Kortical)과의 협력을 통해서 측정 가능한 업무 혁신을 이루고 있다. 딜로이트는 코티칼(Kortical)의 인공지능 기술을 활용하여 세무 자동화 설루션을 구축했다. 이후 비구조화된 데이터를 구조화하고 기계학습 모델을 적용하여 세무 의사 결정을 자동화한 결과 약 50배의 생산성 향상을 달성했다. 또한 인공지능 시스템 도입을 통해 감사 검토 오류를 40% 감소시켜서 고객 신뢰도와 감사 신뢰성을 크게 향상했다. 일본 미즈호은행(みずほ銀行)은 2024년부터 생성형 인공지능과 알고리즘의 고도화로 챗봇의 답변 정확도를 향상하고 있다. 고객과의 대화 내용을 실

시간 분석하여 답변함으로써 사무 처리의 속도를 1건당 기존 대비 약 30% 단축하고 고객 응대 통화 시간을 약 20% 단축했다. 스미토모 미쓰이 파이낸셜 그룹(三井住友FG)은 2024년부터 2029년까지 5년간 광범위한 업무 처리가 가능한 생성형 인공지능 시스템을 구축하고 'AI 아바타' 고객 서비스를 포함한 인공지능 파운데이션 모델 개발과 금융 데이터셋 활용을 추진할 계획이다. 또한 인공지능은 '직업의 자동화'뿐만 아니라 '직무 재구성'을 유도하고 있다. 예를 들어 기존의 HR 매니저의 업무는 단순 인사 기록 유지에서 벗어나, 인공지능으로부터 도출된 인재 분석 데이터를 기반으로 전략적 채용과 조직 문화 설계 등 고부가가치 업무로 이동하고 있다. 금융권의 리스크 관리 전문가들은 인공지능이 탐지한 이상 거래 패턴을 바탕으로 금융사기 예방 전략을 수립하는 방향으로 업무가 변화했다.

직업별 'AI 노출도(AI Occupational Exposure, AIOE)'란 특정 직무가 인공지능 기술에 의해 대체될 가능성 및 영향을 정량적으로 평가하는 지표다. 이 개념은 MIT, 스탠퍼드 HAI(Human-Centered AI Institute), 국제노동기구(ILO) 등에서 제안되었으며, 인공지능이 해당 직업의 핵심 업무를 어느 정도 수행할 수 있는지를 기준으로 산정된다. 자연어처리, 컴퓨터 비전, 음성인식, 추천 알고리즘, 예측 모델링 등 인공지능의 핵심 기술이 직무에 침투할 수 있는 범위와 깊이를 기준으로 노출도를 수치화한다. 2023년 MIT와 스탠퍼드대 공동 연구에 따르면, 'AI 노출도'가 70% 이상인 고위험군 직업으로 텔레마케터는 스크립트 기반 상담의 91%를 인공지능이 대체할 수 있는 것으로 분석되었다. 데이터 입력원의 경우 정형화된 데이터 처리 업무의 96%가 자동화되고, 고객 응대 직군은 일반적 문의 응답의 73%를 인공지능이 처리할 수 있다. 중위험군인 'AI 노출도' 30~60% 범위에는 회계사가 장부 정리와 세무 신고의 55%를 자동화할 수 있으며, 번역가는 일반 문서 번역의 67%를 인공지능이 처리할 수 있다. 물론 아직 문학 번역 등은 여전히 인간에게 의존한다. 기자의 업무 중 정보 정리와 기본 기사 작성의 약 48%가 자동화될 수 있는 것으로 나타났다. 반대로 초등학교 교사, 간호사, 사회복지사, 창작자, 지휘자 등은 창의성, 감정 이입, 비정형 문제 해결이 요구되는 분야로 'AI 노출도'가 30% 미만의 저위험군으로 평가되었다. 이러한 AI 노출도는 단순한 자동화 위험을 의미하는 것을 넘어, 고용 충격과 전환 필요성을 판단하는 핵심 지표로서 작용한다. 'AI 노출도'가 높은 직무는 단기 내

고용 감소 또는 재구조화 가능성이 높고, 이에 따라 재교육 및 직무 이동에 대한 정책적 지원이 시급하다. 국제협력개발기구는 2024년 보고서에서 "향후 10년간 전체 노동자 중 34% 이상이 인공지능의 영향으로 직무 재조정의 대상이 될 것"이라고 구체적으로 밝혔다. 이러한 기술 도입의 확산은 기업의 생산성 향상과 비용 절감에 기여하고 있지만, 동시에 직무 간 격차를 확대하는 요인도 된다. 특히 디지털 기술 수용도가 낮은 50세 이상 근로자, 반복 업무에 의존하던 중·저숙련 노동자 계층은 상대적으로 취약한 위치에 놓이게 된다. 이에 따라 정부와 기업은 인공지능 기술로 인한 고용 충격을 최소화하기 위해 평생학습, 직무 전환 지원, 재교육 인프라 강화 등의 정책을 병행하는 노력을 기울여야 한다.

일하는 방식의 혁명: 주요 데이터로 본 변화

세계경제포럼의 발표에 따르면 2025년부터 2030년 사이 전 세계 노동 시장에서 약 22%의 직무가 구조적 재편을 겪을 것으로 전망된다. 이러한 변화는 단순한 직무 이동이 아니라, '일하는 방식의 본질적 혁명'을 예고한다. 원격근무의 확산이 대표적인데 미국 기업의 63%가 주 3일 이상 재택근무 허용 정책을 도입했다. 스탠퍼드 대학

니콜라스 블룸(Nicholas Bloom) 교수가 중국 여행 회사와 수행한 연구에 따르면 재택근무 직원들이 사무실 근무 대비 13%의 성과 향상을 보였다. 또한 플랫폼 기반 노동과 프리랜서, 프로젝트 단위 계약 확산 등 비정형 고용 형태가 일반화되고 있다. 프리랜서 플랫폼 시장 규모는 2024년 4,559억 달러에서 2030년 9,153억 달러로 확대될 것으로 예상된다. 딜로이트 글로벌이 107명의 글로벌 CEO를 대상으로 실시한 설문 조사에서 업무 자동화 부문에 생성형 인공지능을 채택 중인 CEO는 58%로 나타났으며, 마이크로소프트의 2024년 업무동향지표에 따르면 다수의 기업 관리자가 인공지능 기술의 도입이 경쟁력 유지에 필수적이라고 인식하고 있는 것으로 나타났다. 우리나라의 경우 제조업 자동화율이 매우 높은데, 2024년 국제로봇연맹(IFR) 통계에 의하면 제조업 근로자 1만 명당 로봇 수가 1천 대를 넘어서 싱가포르와 중국을 제치고 1위를 차지했다. 특히 자동차, 전기 전자, 배터리, 조선 분야에서 자동화가 활발하게 이루어지고 있는데 이 수치는 더욱 증가할 것으로 예상된다. 이로 인해 대규모 재교육 및 기술 전환이 필요해진다.

인공지능으로 인한 산업 패러다임 변화에 대응하기 위해서는 체계적인 인재 재교육 전략이 핵심이다. 먼저 직무 분석을 통한 맞춤형 교육과정 설계가 필요하다. 아울러 인공지능과 자동화 기술로 대체되기 어려운 창의성, 문제 해결력, 감정 지능 등 인간 고유 역량을 강화하는 교육에도 집중해야 한다. 독일의 듀얼시스템처럼 산학 협력을 통한 현장 중심 교육 모델이 효과적이다. 기업과 교육 기관이 공동으로 커리큘럼을 개발하고, 실무진이 직접 강의에 참여하여 현장 적용성을 높이는 방식이다. 국내에서도 2018년부터 포스텍(POSTECH)과 삼성전자가 협약을 체결하여 '포스텍-삼성전자 산학일체연구센터'를 설립하고 기초 이학, 연구 지원금, 인재 양성 트랙(Track) 프로그램 등을 운영하고 있다. 전국의 특성화고교에서도 학교와 기업이 연계하여 실무 중심의 교육과 심화 실습을 제공하는 '산학일체형도제학교' 교육이 실시되고 있다. 기업과 교육 기관이 공동으로 커리큘럼을 개발하고, 기업의 실무진이 직접 학생 강의에 참여하여 현장 적용성을 높이는 방식이다. 또한 단계적 재교육 프로그램을 통해 기존 경력을 활용하면서 새로운 기술을 습득할 수 있도록 지원해야 한다. 마이크로러닝과 온라인 플랫폼을 활용한 개인 맞춤형 학습 경로 제공도 중요하다. 정부 차원에서는 재교육 바우처 제도와 기업의 교육투자에 대한 세제 혜택을 확대하여 지속 가능한 인재 개발 생태계를 구축해야 한다. 지금은 노동 시장에서 '인공지능이 할 수 없는 것'을 중심으로 인간의 역할을 재정의해야 할 시점이 도래한 것이며, 직업 재교육의 우선순위, 산업별 인력 재배치 전략을 새롭게 수립할 때다.

GPT와 생성형 AI가 직업에 미치는 영향

챗GPT와 같은 생성형 인공지능은 단순한 자동화 기술을 넘어, 직업의 창의적 요소와 지식 기반 업무 자체에 심대한 영향을 미치는 새로운 기술 패러다임이다. 생성형 인공지능은 이제 인간의 언어를 이해하고, 새로운 텍스트, 코드, 이미지, 음성 등을 생성할 수 있는 기술로 발전했고, 단순 반복 업무뿐 아니라 사고와 표현이 요구되는 직무까지 영향을 미치고 있다. 구글 제미나이는 50개 언어를 지원하여 180개국에서 서비스되고 있다. 앤트로픽의 클로드는 기업용에 특화되어 100만 토큰 처리가 가능하고, 메타의 라마(LLaMA)는 오픈소스 모델로 활용되고 있으며 알리바바의 통이첸원(Tongyi Qianwen)은 중국어에 특화된 상용 모델이다. 국내에서는 네이버의 하이퍼클로바 X가 한국어에 특화되어 기업용 설루션을 제공하며 선전 중이다.

이들은 다양한 산업군의 업무 방식과 직무 구조를 빠

르게 재편하고 있는데, 2023년 골드만삭스 보고서에 따르면 전 세계 노동자의 44%가 생성형 인공지능 기술로 인해 직무 구조 또는 업무 방식에 일정 수준 이상의 영향을 받을 것으로 전망되었다. 특히 미국과 유럽에서는 최대 3억 개의 직무가 직접적인 영향을 받을 수 있으며, 이 중 상당수는 고숙련 지식노동자들이다. 실제 미국의 대형 로펌들은 챗GPT API를 기반으로 한 계약서 초안 작성 도구를 도입해서 법률 문서 검토 시간을 67% 단축하고 초급 변호사 업무의 43%를 자동화했다. 블룸버그는 자체 개발한 '블룸버그GPT(BloombergGPT)'를 활용해 재무 데이터 기반 기사 작성 및 보고서 자동화를 실행 중이며, 금융 보고서 작성 시간을 78% 단축하고 데이터 분석 정확도를 23% 향상했다. JP모건 체이스는 'AI 기반 투자 분석 시스템'을 도입했다. 국내에서는 KB국민은행이 GPT 기반 고객 문의 응대 시스템을 통해 상담 업무의 41%를 자동화하였고, 삼성SDS는 사내 업무용 생성형 AI 도구를 개발하여 보고서 요약, 회의록 작성, 이메일 초안 작성 등을 지원하고 있다. LG AI 연구원은 자체 개발한 '엑사원(EXAONE)' 모델로 제품 설계 및 코딩 업무를 지원하고 있다.

이처럼 생성형 인공지능이 특히 주목받는 이유는 기

존 인공지능이 주로 판단, 예측, 분류 등의 중심이었다면, 생성형 인공지능은 일정 부분 창의성과 언어적 표현 부분에서 인지적 노동의 핵심을 위협하거나 강화할 수 있기 때문이다. 컨설팅에서는 시장 분석 보고서 초안 작성과 전략 프레임워크 제안 업무에 도움을 주고, 교육에서는 교육 자료 개발과 맞춤형 학습 콘텐츠 생성 방법이 향상되고 있다. 광고 분야에서는 카피라이팅, 캠페인 아이디어 발굴, 크리에이티브 콘셉트 개발이 변화하고 있고, 콘텐츠 기획에서는 스토리보드 작성, 시나리오 초안, 기획안 개발이 인공지능의 영향을 받고 있다. 다만 아직은 모든 직무가 완전히 대체되는 것은 아니다. 생성형 인공지능은 정확성과 책임성이 요구되는 상황에서 인간의 판단을 완전히 대체하지 못하며, 보조 도구로서 인간의 생산성을 극대화하는 방향으로 발전하고 있다.

인공지능 시대의 고용 충격은 피할 수 없는 현실이다. 이러한 일자리 구조의 거대한 변화에 대응하기 위해서는 정부, 기업, 개인이 각자의 역할을 명확히 인식하고 다차원적으로 대응해야 한다. 사회 전반적으로 'AI 수용성'을 높이기 위한 윤리적 기술 활용, 법과 제도의 정비, 교육 체계 재설계가 함께 필요하다. 특히 공교육 부문에서는 인공지능 시대의 인간다운 노동, 사회적 형평성 추구, 기술 활용에 따른 책임감 등을 중심으로 재편되어야 한다. 지금 우리에게 필요한 것은 인공지능과 직업 변화의 거대한 조류 속에서 길을 잃지 않을 'AI 직업 지도'다. 사라지는 직업과 새로 생겨나는 직업 사이의 '전환 구간'에서 우리는 어떤 방향으로 가야 할지, 어떤 역량을 준비해야 할지를 명확히 표시해야 한다. 이 지도를 바탕으로 우리는 인공지능과 경쟁하는 것이 아니라 협업하여 더 큰 가치를 창출하는 미래로 나아갈 수 있을 것이다.

참고문헌

교육부·대한상공회의소(2024). "2024년 산학협력 우수기업 선정 공고(교육부 공고 제2024-54호)".

김진희(2024). "글로벌 기업 10곳 중 6곳, "업무자동화에 이미 생성형 AI 도입"". 《자동인식·비전》, 29(6), 24~25쪽.

마이크로소프트(2024). "업무동향지표 2024: AI가 여는 미래 일자리의 변화와 혁신".

한국 딜로이트 그룹(2024). '글로벌 CEO 서베이' 발행 보고서.

미즈호은행(みずほ銀行)(2024). "생성형AI 도입". https://www.mizuhogroup.com/digital/aix-generative-ai

스미토모 미쓰이 파이낸셜 그룹(三井住友FG)(2024). 生成AI活用導入. https://www.nikkei.com/article/DGKKZO84854900X11C24A1MM8000/

Bloom, N. et al.(2015). Does working from home work? Evidence from a Chinese experiment. *The Quarterly Journal of*

Economics, 130(1), pp.165~218.
IFR Press Room(2024). Global Robot Density in Factories Doubled in Seven Years.
https://ifr.org/ifr-press-releases/news/global-robot-density-in-factories-doubled-in-seven-years
International Labour Organization(ILO)(2023). Generative AI and Jobs: A global analysis of potential effects on job quantity and quality.
https://www.ilo.org/publications/generative-ai-and-jobs-global-analysis-potential-effects-job-quantity-and
Kortical(2025). 코티칼 케이스 스터디 사례.
https://kortical.com/case-studies/deloitte
Smartdev(2025). 스마트데브 케이스 스터디 사례.
https://smartdev.com/ai-use-cases-in-audit/
World Economic Forum(2025). The Future of Jobs Report 2025.

03
직업의 미래 경계선

인공지능 혁명과 사회적 변화가 맞물리며 전통적인 직업의 정의와 영역이 어떻게 재설정되고 있는지 조망한다. 사라지는 직업과 떠오르는 직업, 산업의 경계, 인간과 기계의 협업 그리고 고용 안정성과 유연성 사이의 균형점을 모색하고, 어떤 기준으로 새로운 직업 경계선을 그을 것인지 논의한다.

AI와 난임 극복?

사라지는 직업, 떠오르는 직업

과거에는 인간의 노동이 인프라의 발전에 따라 자연스럽게 대체되었다. 강에 다리가 건설되면서 뱃사공이라는 직업은 역사 속으로 사라졌고, 고속도로에 전자 자동 요금 징수 시스템이 도입되면서 톨게이트 검표원도 대부분 사라지게 되었다. 엘리베이터를 수동으로 작동시키던 엘리베이터 안내원, 버스에서 동전을 받던 버스 차장, 필름을 현상하던 사진관 암실 기술자 역시 같은 경로를 밟았다. 이는 기술의 진보가 직업에 미치는 변화의 본질을 보여 주는 대표적 사례다.

세계경제포럼의 《2025년 미래 일자리 보고서(The Future of Jobs Report 2025)》에 따르면, 국제노동기구(ILO)는 인공지능 도입이 단순히 일부 직업의 소멸에 그치지 않고, 노동 시장의 구조 자체를 근본적으로 재편할 것이라고 경고한다. 반복적 사무와 고객 응대와 같은 직무는 빠르게 줄어드는 반면, 데이터 분석, AI 윤리, 녹색 전환 분야와 같이 새로운 가치를 창출하는 직무는 오히려 수요가 급증할 것으로 내다봤다. 특히 고객 서비스 담당자, 텔레마케터, 데이터 입력원, 회계 보조원은 가장 빠르게 자동화되고 있으며, 제조 · 물류 분야의 단순 작업직도 빠르게 감소 중이다. 반면, AI 혁신과 디지털 전환을 배경으로 새롭게 탄생하거나 급속히 성장하는 직업도 있다. 프롬프트 엔지니어(Prompt Engineer), AI 윤리 전문가, 가상현실 콘텐츠 디자이너, 기후 기술 분석가, 디지털 헬스케어 코디네이터 등은 수요가 증가할 것으로 예상되는데, 이러한 신직업들은 대부분 고부가가치 산업과 연관되어 있으며 창의력 · 기술 융합 능력 · 사회적 책임 등 복합적 역량을 요구한다.

직무군별로 살펴보면 제조업 분야는 로봇 자동화와 스마트팩토리 확산으로 생산직은 감소하는 반면 설비 유지, AI 모니터링, 스마트팩토리 분야 직무는 증가할 것으로 예상된다. 금융 분야에서는 알고리즘 트레이딩과 리스크 분석 자동화 등으로 기존의 사무직은 감소하고, 핀테크 기획, AI 감사 분석가 등은 증가할 것으로 예상된다. 의료 · 헬스케어 분야는 원격 진료와 AI 영상 분석의 확산으로 일부 진단 업무가 변화하고 디지털 의료 관리자가 증가할 것으로 예상된다. 이러한 소멸과 창출을 가르는 기준은 대체로 반복적이고 예측 가능한 업무, 정형화된 정보 처리, 물리적 노동 중심 직무에 집중된다. 반면 새로 생성되는 직업은 비정형 문제 해결, 창의성 · 감성 역량, 인공지능을 도구로 활용하는 고차원적 기획, 관리 능력을 중심으로 구성된다.

세계은행, 경제협력개발기구(OECD), 매킨지 등 주요 기관들은 공통적으로 노동 시장 이중구조 심화로 고숙련·고소득 인공지능 활용 직군과 저숙련·비보호 직군 간 격차가 확대될 것이라고 예측한다. 또한 직업 수명이 단축되어 한 직업을 10년 이상 유지하기 어려워지고, 생애 동안 여러 직무를 경험하는 '멀티 커리어'가 표준이 될 것으로 전망된다. 기술과 인간 협업이 강화되어 완전 대체보다는 보완 관계가 강화되고, 'AI를 잘 다루는 사람'의 가치가 급상승할 것이다. 결국 직업의 미래는 단절이 아닌 진화의 연속선상에 있으며, 기술 변화에 민첩하게 적응하는 개인과 사회만이 새로운 기회를 선점할 수 있다.

산업의 경계가 무너진다: 융합 시대의 직업 구조

인공지능 기술의 확산은 기존 산업의 고유한 영역을 빠르게 허물고 있다. 과거에는 제조업, 금융업, 의료업처럼 뚜렷한 산업 경계가 존재했지만, 인공지능은 데이터와 알고리즘을 기반으로 이들 산업 간 경계를 자유롭게 넘나드는 시스템을 구축할 수 있게 했다. 제조업에서 수집된 센서 데이터가 금융업의 보험 리스크 분석에 활용되고, 의료업의 진단 시스템이 교육 분야의 맞춤형 학습 플랫폼으로 전이되는 식이다. 독일 지멘스(Siemens)는 자체 개발한 클라우드 기반의 개방형 사물인터넷(IoT) 운영 시스템인 마인드스피어(MindSphere)를 활용하여 제조 공정의 데이터를 수집 · 분석하고 다양한 디바이스 자산을 연결했으며, 예측 유지 보수 분야에서 고장률을 크게 감소했다. 미국 건설 중장비 제조업체인 캐터필러(Caterpillar)는 인공지능 인프라 기술을 축적하여 전력 분야에서도 성공을 거두었고, 고객 요구에 부응하는 인공지능 비즈니스 모델로 금융 분야(Cat Financial)에서도 우수한 성과를 도출하고 있다. 의료와 교육의 융합에서는 병원에서 사용하던 인공지능 기반 영상 진단 시스템이 교육 플랫폼에 적용되며 학습자의 이해도 진단 및 맞춤형 학습 경로 설정에 활용되고 있다.

이러한 융합 환경에서 새롭게 등장하는 직업들을 살펴보면, 스마트농업 기술자는 농업과 로봇공학, 데이터 분석을 결합하여 스마트 팜(Smart farm) 자동화와 작황 예측 시스템을 구축한다. 디지털 헬스 디자이너는 의료와 UX(사용자 경험) 디자인, 인공지능을 결합하여 원격 진료 시스템과 인공지능 진단 인터페이스를 개발한다. 핀테크(FinTech, Financial Technology) 전략가는 금융과 블록체인, 인공지능을 융합하여 금융 자동화 서비스와 개인 맞춤형 투자 알고리즘을 설계한다. 기후 데이터 분석가는 환경과학과 데이터 시각화, 정책 분석을 융합하여 탄소 배출 예측과 친환경 도시 계획을 수립한다.

이처럼 산업 간 경계가 무너지면서 '하나의 직업에 여러 정체성이 공존하는 현상', 즉 직업의 다중 정체성이 확산되고 있다. 예를 들어, 유능한 콘텐츠 크리에이터는 마케팅 전문가이자 편집 기술자이며, 동시에 인공지능 기반 분석 도구를 활용하는 데이터 사용자일 수 있다. 마찬가지로, 한 명의 교육자는 교사이자 유튜브 콘텐츠 기획자이며, 학습 데이터 분석자 역할도 수행한다. 이는 단순히 직무의 확장이라기보다, 기술의 발전이 직업 경계를 복합적 · 상호작용적으로 재구성하는 과정이라 할 수 있다. 융합 시대에는 한 가지 기술에 전문성을 갖는 것만으로는 부족하다. 융합적 사고력, 디지털 도구 활용력, 자기 주도력, 네트워크 기반 학습 능력을 갖추고 다양한 기술과 인문 사회학적 이해를 결합하며, 인공지능을 통해 자신의 영향력을 확장할 수 있는 사람이 경쟁력을 얻게 된다.

인간과 기계: 협업의 경계선

인공지능 기술이 점점 더 고도화되어 판단, 예측, 생성 등 인간의 인지적 능력을 보완하거나 일부에서는 뛰어넘는 수준에 도달하고 있다. 하지만 동시에 인간만이 가진 창의성, 윤리 판단, 맥락 이해 능력은 여전히 중요하다. 이에 따라 인공지능은 '대체자'가 아닌 '보완자'로서의 역할을 수행하게 되었고, 기업과 조직들은 '인간'과 '인공지능'이 협업하는 구조를 중심으로 조직 문화를 재설계하고 있다. 미국 마요클리닉(Mayo Clinic)과 존스홉킨스 병원은 인공지능을 통해 영상 진단 속도를 3배 향상하고 암 조기 진단 정확도를 92%까지 끌어올렸으며, 의사는 판독 대신 해석과 환자 소통에 집중하고 있다. 블룸버그는 '블룸버그GPT(BloombergGPT)'를 통해 재무 기사 초안을 자동 생성하고, 기자는 이를 기반으로 편집 및 해설을 추가한다. 디자인 분야에서 어도비(Adobe)는 파이어플라이(Firefly)라는 생성형 인공지능을 디자이너 도구로 탑재하여 시안 초안 자동 생성으로 작업 시간을 절반으로 단축했다. 법률 회사 톰슨 로이터(Thomson Reuters)는 인공지능 도구 코카운슬(CoCounsel)을 통해서 판례 검색과 문서 분석을 자동화하고, 변호사는 전략 수립에 집중하고 있다. 국내에서도 아산병원은 인공지능 음성 기반 진료 기록 자동화로 의료진의 문서 작업 시간을 대폭 단축하였고, 루닛은 인공지능 영상분석 설루션을 활용하여 유방암 진단 정확도 96%를 달성하고 전 세계 40개국 병원에서 활용하게 했다. KB국민은행은 키오스크형 'AI 뱅커'로 24시간 고객 서비스를 제공하고 있다. 이와 같이 인공지능은 대량의 데이터 분석, 반복 업무 자동화, 신속한 예측, 정량적 판단을 담당하고, 인간은 목표 설정, 의미 해석, 비정형 문제 해결, 창의적 설계, 윤리적 결정을 수행하며 상호 보완적 파트너십으로 진화하고 있다.

인공지능은 전통적인 산업 간의 경계만 무너뜨리는 것이 아니라 인간과 기계의 경계선도 모호하게 만들고 있다. 과거에는 시를 쓰고 음악을 작곡하고 그림을 그리는 등의 창의적 행위가 오직 인간 고유의 영역으로 이해되었지만, 지금은 수노 AI(Suno AI)가 1초면 음악을 작곡하고 미드저니(Midjourney)는 명령 버튼만 누르면 그림을 그리며 생성형 인공지능은 수백 번이라도 아름다운 시를 쓰고 지치지 않고 끝없이 수정도 해 준다. 아직은 인공지능의 창의성에 대한 비판이 많지만, 경계 지도가 점점 더 모호해지고 있는 것은 분명하다.

인공지능 시대 생존 전략은 직무보다 역량 중심으로

설계하여 직무가 자동화될 수 있음을 전제로 역량과 사고방식 중심으로 커리어를 설계해야 한다. 모듈형 커리어를 구성하여 하나의 직업이 아닌 다양한 프로젝트, 직무, 역할을 연결하여 유연한 커리어를 만들어야 한다. 또한 인공지능 시대에서 직업의 미래 경계선을 올바르게 해석하고 활용하기 위해서는 현재 나의 기술 수준, 가치관, 선호하는 일의 방식 등을 객관적으로 진단하여 자신의 위치를 파악하는 것이 중요하다. 전체 산업 흐름과 기술 트렌드 속에서 어떤 직무가 떠오르고 사라지는가를 파악하고 다양한 가능성을 열어 두며 미래의 경로를 탐색해야 한다. 하나의 경로에만 고정되지 말고 다양한 직무 · 역할 간 이동 경로를 설계해 '멀티 커리어'를 전략적으로 준비하는 경계 이동 설계가 필요하다. 급변하는 인공지능 시대에 가장 중요한 것은 지도 그 자체가 아니라, 그것을 읽고 재해석하며 경로를 유연하게 조정하는 힘이다.

참고문헌

루닛(2024). "인공지능 영상분석 솔루션 글로벌 활용". https://www.lunit.io/ko

서울아산병원(2024). "AI 음성 기반 진료기록 자동화 시스템 도입 성과". https://www.amc.seoul.kr/asan/main.do

한국은행(2023). “AI와 노동시장 변화”. 《BOK 이슈노트》, 2023-30.
KB 국민은행(2024). “AI 뱅커 서비스 도입”. https://omoney.kbstar.com/quics?page=oabout
Siemens(2025). “마인드스피어(MindSphere) 운영 효율 달성”. https://www.siemens.com/kr/ko/products/automation/industry-iot-platform/mindsphere.html
Bloomberg L.P.(2024). BloombergGPT. https://www.bloomberg.com/company/
McKinsey Global Institute(2017). Jobs lost, jobs gained: What the future of work will mean for jobs, skills, and wages. https://www.mckinsey.com/featured-insights/future-of-work/retraining-and-reskilling-workers-in-the-age-of-automation
OECD(2025). OECD Employment Outlook 2025. https://www.oecd.org/en/publications/2025/07/oecd-employment-outlook-2025_5345f034.html
Suno AI. https://suno.com
Thomson Reuters(2024). CoCounsel AI. https://legal.thomsonreuters.com/en/products/cocounsel-legal

04
공존의 루트맵

인간과 인공지능, 기술과 공동체, 효율성과 윤리성이라는 상이한 가치들이 충돌하는 AI 시대에 어떻게 균형을 찾고 공존할 수 있는지 탐색한다. 기술 발전으로 인한 양극화, 사회 취약 계층의 일자리 보장, 협업 환경에서의 신뢰 회복 등의 관점에서 '공존'의 의미를 재정의하고 각 계층과 산업, 개인과 조직이 함께 살아가는 길을 알아본다.

AI와 사주?

AI는 도구인가, 동료인가? : 협업의 진화사

호모 파베르(Homo Faber)는 도구적 인간을 의미한다. 도구의 사용은 인류 발전의 핵심 요소로서 인류는 기술 발전과 함께 진화해 왔다. 호미는 초기 도구의 하나로서 신체 능력을 확장하여 농업 발전에 기여했고, 산업혁명은 기계에 의한 자동화를 실현했다. 이후 인간은 컴퓨터를 활용하여 정보 처리 능력을 향상했지만 이러한 것들은 모두 목적 달성을 위한 수단 또는 도구에 머물렀고 일방적 명령을 받는 수동적인 존재였다. 그러나 최근 인공지능의 발전은 인공지능을 인간과 함께 공동 목표 달성을 위해 상호 작용하는 동료로 인식되는 패러다임의 전환이 일어나고 있다.

이러한 패러다임 변화는 산업과 사회 전반에서 확인되고 있다. 세계경제포럼(2023)은 기업의 70% 이상이 향후 5년 내 인공지능을 조직 내 협업 도구로 적극 도입할 것으로 전망했으며, 매킨지 보고서(2024)는 인공지능을 도입한 조직이 그렇지 않은 조직보다 생산성 증가율이 평균 25% 이상 높았고, 직원 만족도 역시 개선되었다는 데이터를 제시했다.

구체적 사례로, 미국 항공우주국(NASA)은 과거 인간 중심의 우주 탐사 기획에서 최근에는 인공지능 기반 시뮬레이션 시스템과의 협업을 통해 탐사 경로와 우주선 설계를 효율화하고 있다. BMW는 '공장 자동화 AI 시스템'이 인간 엔지니어와 협업하여 실시간 결함 감지 및 품질 관리에 기여하고 있으며, 검사 시간을 40% 이상 감소하는 성과를 거두었다.

MIT의 '인간-AI 협업 연구소'는 공동 문제 해결 과제를 수행하는 실험을 통해, 인간만 참여했을 때보다 인공지능과 함께한 팀이 더 높은 정확도와 창의적 해결책을 도출함을 입증했다. 이 실험에서는 인간이 전략을 설계하고, 인공지능이 데이터 기반 피드백을 제공하는 방식의 협업이 가장 효과적인 것으로 나타났다. 결국 인공지능은 단순한 자동화 수단이 아니라, 인간의 한계를 보완하고 공동의 목표를 향해 함께 사고하고 실행하는 동료로서 자리 잡아 가고 있다. 미래의 노동 환경은 인간과 기계가 경쟁하는 구조가 아니라, 역할을 구분하고 연결하여 시너지를 창출하는 협력적 생태계로 진화할 것이다.

하이브리드 직무의 시대: 사람과 기계가 함께 만드는 일

하이브리드 직무란 원래는 두 가지 이상의 상이한 업무 또는 전문성을 결합한 직무 방식을 의미하는데, 최근에는 인간과 인공지능이 서로의 강점을 살려 협력하며 수행하는 형태의 직무로 많이 사용되고 있다. 이는 기존의 자동화(automation)와는 구별되며, 인공지능이 단순히 인간의 일을 대체하는 것이 아니라 인간의 창의력, 판단력, 사회적 감각 등 비정형 역량을 보완하거나 증강하는 방식의 협업 구조를 말한다. 세계경제포럼(2025)은 《2025년 미래 일자리 보고서(Future of Jobs Report 2025)》에서 인간과 기계 협업(Human & Machine Collaboration) 또는 증강(Augmentation) 모델이 증가할 것으로 예측했다. 미래 일자리 보고서에서 응답자들은 업무 과제의 47%가 주로 인간에 의해 수행되고, 22%는 주로 기술(기계와 알고리즘 포함)에 의해 처리되며, 30%는 협력적 노력이 포함될 것으로 추정했다.

하이브리드 직무의 대표 사례로서, 마케팅 분야에서는 생성형 인공지능이 광고 문구, 이메일 문안, 사회관계망서비스(SNS) 게시물 초안을 작성하고, 인간 마케터가 감성적 요소, 문화적 맥락, 스토리텔링을 보완해 완성도 있는 콘텐츠를 만든다. 법률 분야에서는 인공지능이 계약서를 사전 분석한 뒤, 변호사가 해석과 전략적 판단을 더하는 하이브리드 업무 구조가 정착되고 있다. 의료 분야에서도 인공지능이 MRI/CT 스캔에서 이상 징후를 빠르게 탐지하고, 의사는 그 정보를 바탕으로 정확한 진단과 환자 설명에 집중한다. 교육 분야에서는 교사가 전체 교육과정과 평가 기준을 설계하고, 인공지능은 학생 개인에게 맞춤형 과제를 제안하거나 학습 취약 영역을 분석하여 도움을 준다. 하이브리드 직무가 중요한 이유는 인공지능의 계산 속도, 데이터 처리 능력과 인간의 창의성, 해석력, 윤리성 등이 서로 보완적이기 때문이다. 인공지능 단독 직무는 오류, 편향, 감성 결여 문제가 발생할 수 있고, 인간 단독 직무는 효율성과 확장성의 한계가 있기 때문이다. 따라서 하이브리드 구조는 미래 노동 시장의 핵심 형태로 자리 잡을 가능성이 커지고 있다.

하이브리드 직무를 준비하기 위해서는 업무 단위로 역할을 재설계하여 기존 직무 전체를 인공지능에 맡기려 하지 말고, 어떤 요소는 인공지능이, 어떤 판단은 인간이 맡는지를 분명히 정의하는 작업이 필요하다. 프롬프트 능력을 향상해 인공지능에게 업무를 위임하기 위한 명령 설계하는 능력을 기본 역량으로 훈련해야 한다. 검토와 보완 능력을 강화하여 인공지능의 출력물에 대한 비판적 사고력과 감성적 보완 능력을 키워야 한다. 결국 하이브리드 직무는 단지 일의 방식이 바뀌는 것이 아니다. 그것은 인간과 기술이 함께 일하는 새로운 문화와 시스템을 설계하는 과정이다. 앞으로 하이브리드 직무에 대한 이해와 준비 여부는 개인의 생존은 물론, 조직의 경쟁력을 좌우하게 될 것이다.

공존의 루트맵을 설계하는 방법

하버드와 MIT의 'AI-인간 협력 연구실(AI + Human Lab)' 공동 연구(2023)는 협업 훈련을 받은 그룹이 평균적으로 프로젝트 성과에서 32% 더 높은 결과를 냈으며, 팀원 간 만족도와 창의성도 크게 향상되었음을 입증했다. 이는 적절한 훈련을 통해 인간과 인공지능의 협업 역량을 크게 향상할 수 있음을 보여 준다. 인공지능은 대량의 데이터를 빠르게 분석하지만, 인간은 상황 판단, 정서 공감, 윤리적 숙고 등에서 우위를 가지기 때문이다. 인간 고유 역량을 확장하기 위해서는 감성적 피드백 훈련을 통해 인공지능이 제공하는 정보에 감정적 맥락과 인간적 관점을 더하는 연습이 필요하다. 윤리 시나리오 기반 의사 결정 연습을 통해 인공지능 기술 사용에 따른 도덕적 딜레마 상황에서 올바른 판단을 내리는 훈련을 계속해야 한다.

유네스코는 《AI와 학습의 미래》(2022)에서 "인공지능 시대의 인간 교육은 기술 이해를 넘어서, 인간성 고유 가치의 지속적 확장을 목표로 해야 한다"라고 강조하며, 교육과정에 비판적 사고, 감성 리더십, 윤리 기반 문제 해결 등을 포함할 것을 권고하고 있다. 그러나 '인간과 인공지능의 협업'은 결코 쉬운 일은 아니다. 첫째는 명확한 분업을 설계하기가 쉽지 않으며 둘째는 인공지능이 인간보다 뛰어난 작업의 경우에, 어디까지 신뢰할지를 인간이 판단하기가 쉽지 않기 때문이다. 앞으로 여러 생성형 인공지능의 역할을 탐색하고 교육 기관과 산업 현장에서 협력하는 방법을 발전시키는 노력이 필요하다.

또한 '공존의 루트맵'을 가까운 일상에서부터 적용하는 노력이 중요하다. 예를 들어, 어느 여행자가 낯선 도시에서 목적지를 향해 갈 때 지도 앱을 펼친다. 이때 여행자는 본인이 어디에 있는지, 어디로 가야 하는지, 어떤 길을 택할 수 있는지 인공지능을 이용하여 시각적으로 파악하고, 돌발 상황이 생기면 대체 경로를 찾는다. 이러한 상황이 바로 일상에서 인간과 인공지능이 협력하는 '공존의 루트맵'이 될 수 있다.

'공존의 루트맵'을 설계할 때 유의해야 할 또 하나의 중요한 영역은 공존을 위한 사회적 계약을 실현하는 것이다. 왜냐하면 인공지능의 발전은 고용 구조에 전례 없는 충격을 가하고 있기 때문이다. 매킨지 글로벌연구소

(2017)에 따르면, 자동화와 알고리즘 기반의 의사 결정 도입으로 인해 2030년까지 전 세계 약 4억 명의 직무가 재편되거나 소멸될 가능성이 있다. 특히 사무 보조, 고객 서비스, 제조·물류 등 단순 반복 업무를 중심으로 대체 속도가 가파르게 증가하고 있으며 여성, 중장년, 저학력 노동자 등 취약 계층은 인공지능으로 인한 일자리 대체의 1순위가 될 가능성이 높다. 기술 진보가 인류 전체에 혜택을 주기보다 특정 집단에 집중된 채 혜택의 불균형을 심화하는 것이다. 경제협력개발기구(OECD)는 《OECD 고용 전망 2023: 인공지능, 직업의 질과 포용성》(2022)에서 "AI 도입이 불평등을 고착화하지 않도록 하기 위해 각국 정부와 기업, 교육 기관, 시민사회가 협력하여 사회안전망, 더 많은 교육 훈련 기회의 제공, 기술 윤리 기준을 공동 설계해야 한다"라고 강조했다. 공존을 위한 사회적 계약의 핵심은 보편적 재교육 시스템 구축으로 급속한 직무 전환에 대비하고 취약 계층에게 직무 재교육 인프라를 마련하는 것이다. 핀란드의 무료 인공지능 교육 '엘리먼츠 오브 AI(Elements of AI)'는 대표적인 사례의 하나다. 유럽연합의 '정의로운 전환 메커니즘(Just Transition Mechanism)'은 안정 전환 지원 정책으로 실직자, 전환 근로자에게 고용보험, 소득 보전,

재배치 상담 등 복합적 지원 체계를 강화한다. 이러한 정책들은 단순한 복지적 접근을 넘어서, 디지털 약자가 인공지능 시대 기술 변화에 동등하게 참여하고 협력할 수 있는 시민 역량의 토대를 마련하는 것이다.

인공지능과의 공존은 개인과 조직, 사회 전체가 스스로의 '지도'를 주도적으로 설계하고 업데이트할 수 있는 역량을 요구한다. 인공지능 시대의 미래 지도는 변화에 따라 경로를 조정할 수 있는 자기 주도성과 예측력이 필요하다. 지도의 길을 어떻게 해석하고 수많은 옵션 중에서 어떤 길을 택할지 결정하는 능력은 전적으로 나에게 달려 있음을 유의해야 한다.

참고문헌

Industrial Automation Co.(2024). AI and Machine Learning in Control Systems: Hype or the Future?. https://industrialautomationco.com/blogs/news/ai-and-machine-learning-in-control-systems-hype-or-the-future

Elements of AI(2022). AI free online course!. https://www.elementsofai.com

European Union(2022). Just Transition Mechanism. European Commission. https://commission.europa.eu/strategy-and-policy/priorities-2019-2024/european-green-deal/finance-and-green-deal/just-transition-mechanism_en

McKinsey Global Institute(2017). Jobs lost, jobs gained: What the future of work will mean for jobs, skills, and wages. https://www.mckinsey.com/featured-insights/future-of-work/retraining-and-reskilling-workers-in-the-age-of-automation

OECD(2022). OECD Employment Outlook 2023, AI and the Labour Market. https://www.oecd.org/en/publications/oecd-employment-outlook-2023_08785bba-en.html

UNESCO(2022). *Artificial Intelligence and the Futures of Learning*. UNESCO Publishing. https://www.unesco.org/en/digital-education/ai-future-learning

Vaccaro, M. et al.(2024). When combinations of humans and AI are useful: A systematic review and meta-analysis. *Nature Human Behaviour, 8*(12), pp.2293~2303. https://doi.org/10.1038/s41562-024-02024-1

World Economic Forum(2025). Future of Jobs Report2025. https://reports.weforum.org/docs/WEF_Future_of_Jobs_Report_2025.pdf

05
윤리의 경계 지도

인공지능 기술의 발전은 새로운 기회를 열어 주는 동시에, 전에 없던 윤리적 딜레마를 동반하고 있다. 기술은 점점 더 인간의 결정을 대신하고, 인간의 삶에 깊이 관여하고 있으며, 이에 따라 우리는 어디까지 기술에 권한을 부여할 것인가, 어떻게 인간의 통제를 회복해야 하는가 하는 '윤리의 경계'를 새롭게 설정해야 한다.

AI와 아이돌?

기술 발전과 윤리 충돌의 지형도

인공지능 기술은 인간 사회의 곳곳에 깊이 침투하면서 전례 없는 윤리적 딜레마를 일으키고 있다. 특히 얼굴 인식, 자율 시스템, 생성형 인공지능 등은 우리의 권리와 자유, 사회적 신뢰에 직접적인 영향을 미치며, 기술이 주도하는 새로운 윤리 지형을 형성하고 있다. 중국은 2019년 신장웨이우얼자치구에서 특정 인종을 식별하고 추적하기 위해 얼굴 인식 기술을 활용하였으며, 이는 국제사회로부터 인권 침해라는 비판받았다. 미국에서는 2020년 1월 인공지능 기반 안면 인식 시스템이 흑인 남성 로버트 윌리엄스를 범죄 용의자로 식별하는 바람에 억울하게 30시간 넘게 구금되는 일이 발생했다. 이는 기술적 오류와 인종 편향이 복합적으로 작동한 사례로, 미국 시민자유연맹 등을 중심으로 기술 규제 요구가 이어졌다.

한국에서도 유사한 개인정보 침해 문제가 발생했다. 2021년 1월 인공지능 챗봇 '이루다'가 혐오 발언으로 출시 20일 만에 서비스를 중단하는 일이 발생했다. 2025년도에는 경기도의 한 지자체에서는 공중화장실 입구에 '인공지능 성별 인식 CCTV'를 설치하는 정책을 발표했다가 폐지하는 사례가 있었고, 개인 가정집의 월패드 해킹 사례 등이 연속하여 발생하고 있다.

생성형 인공지능의 등장은 더 큰 윤리적 충돌을 만들어 내고 있다. 특히 텍스트, 이미지, 음악, 코드 등을 자동 생성하는 모델들이 기존 저작권 체계를 위협하는 사례가 늘어나고 있다. 그 예로 게티 이미지(Getty Images)는 2023년, 인공지능 기업 스태빌리티 AI(Stability AI)가 생성형 인공지능 모델 '스테이블 디퓨전(Stable Diffusion)'을 훈련하는 과정에서 자사 이미지 데이터를 무단으로 학습에 활용했다며 저작권 침해 소송을 제기했다. 챗GPT 등 대형언어모델이 출판물, 뉴스 기사, 작가의 문장을 학습하고 이를 기반으로 새로운 문장을 생성할 경우, 해당 콘텐츠가 누구의 소유인지, 창작물로 간주될 수 있는지에 대한 법적 · 윤리적 논쟁이 끊이지 않고 있다. 이러한 사례들은 우리가 지금 서 있는 윤리 지형이 얼마나 복잡하고 예측 불가능한지를 말해 준다. 기술의 발전 속도와 더불어 그 발전이 도달하는 각 지점에서 어떤 윤리적 균열이 발생하는지를 지도처럼 구조화하여 분석해야 한다.

윤리 경계의 좌표: 기준을 세우는 원칙들

인공지능 기술이 사회 전반에 확산되면서, 이를 통제하고 조정할 윤리적 기준의 필요성이 전례 없이 커지고 있다. 이러한 기준은 마치 지도 위의 위도와 경도처럼 각 사회와 조직이 의사 결정을 내릴 때 참고할 좌표계의 역할을 한다. 경제협력개발기구(OECD)는 2019년 "OECD AI 원칙"을 발표하며, 인간 중심성과 투명성, 공정성, 안전성, 책임성을 핵심 원칙으로 명시했다. 이 문서는 'G20 정상회의'의 공식 채택을 받은 최초의 '국제적 AI 윤리 지침'으로, 기술은 인간을 보완하고 인권을 존중해야 하며, 인공지능 시스템의 작동 방식은 설명 가능하고 검증 가능해야 한다는 기준을 제시하고 있다. 유네스코는 2021년 11월 "AI 윤리에 관한 권고안"을 발표하였는데 여기에는 인간의 존엄성과 프라이버시 보호를 최우선 가치로 삼으며, 인공지능 기술이 사회적 · 환경적 정의에 기여해야 한다고 명시하고 있다. 유럽연합(EU)은 2024년 초 세계 최초로 '유럽연합 인공지능법(EU AI Act)'을 통과시켰는데 인공지능의 급속한 발전에 따른 윤리적, 법적, 사회적 영향력에 대응하는 최초의 포괄적 규제 법안으로 평가받고 있다. 이 법안에서는 인공지능의 위험도를 4등급으로 분류하고 있는데 '수용 불가 위험 AI 시스템'은 인간의 존엄성, 자유, 민주주의 및 법치와 같은 기본 가치를 위반하는 경우 사용을 금지한다.

기업 차원의 노력도 활발한데 IBM은 'AI 윤리심의위원회(AI Ethics Board)'를 통해 모든 기술이 윤리적 기준에 부합하도록 내부 심사 프로세스를 강화했으며, 마이크로소프트는 '책임 있는 AI 표준(Responsible AI Standard)'을 발표하여, 제품 기획 단계에서부터 인간 영향 분석을 거치는 원칙을 도입했다.

우리나라에서도 정부는 2020년 12월 "인공지능(AI) 윤리 기준"을 발표하고, 인공지능 시대의 바람직한 정책, 개발, 활용 방안을 제시했다. 또한 과학기술정보통신부에서 제시하는 '인공지능 윤리 기준 실천을 위한 자율점검표(2025.2.)'는 10대 핵심 요건별 점검 사항으로 인권 보장, 프라이버시 보호, 다양성 존중, 침해 금지, 공공성 등의 10가지를 강조하고 있다. 2024년 12월에는 인공지능기본법(정식 명칭은 '인공지능 발전과 신뢰 기반 조성 등에 관한 기본법')이 국회를 통과하여 2026년 1월부터 시행될 예정이다. 이 법은 인공지능 기술의 건전한 발전과 신뢰 기반 조성을 위한 기본 사항과 국민의 삶의 질 향상과 국가 경쟁력 강화 노력 등을 규정하고 있다.

개발자와 사용자의 책임

인공지능 기술이 우리 사회에 깊숙이 스며들면서, 그 개발과 활용에서 책임 한계를 어떻게 정할 것인가가 중요한 윤리적 과제가 되고 있다. 이 책임은 단순히 법률적인 수준을 넘어 도덕적 · 사회적 책임까지 포괄하며, 특히 개발자와 사용자 각각의 역할이 뚜렷하게 구분된다.

인공지능 개발자는 기술이 설계되는 최초의 출발점에서부터 윤리의 방향성을 설정하는 역할을 맡는다. 알고리즘을 설계할 때 포함되는 데이터의 편향, 작동 원리의 이해 가능성, 오류에 대한 복구 체계 등은 모두 개발자의 윤리적 선택에 따라 달라진다. 2016년, 마이크로소프트가 인공지능 챗봇 테이(Tay)를 트위터에 공개했다가 성차별 발언, 정치적 편향 발언 등으로 하루 만에 운영을 중단하는 일이 벌어졌다. 신경망 기반의 인공지능은 입력되는 데이터를 학습해서 반응하는 특징을 갖고 있는데 백인 우월주의자, 특정 종교 혐오자들이 테이가 차별 발언을 하도록 훈련시킨 결과였다. 이는 인공지능 발전에서 훈련 데이터의 중요성, 기술의 왜곡 현상, 윤리적 기준의 중요성 등을 극명하게 보여 주는 사례로 기록된다. 2023년 4월 구글이 발표한 'AI 윤리 원칙(AI Principles)'은 모든 인공지능 프로젝트에서 인간 중심의 설계, 예상 가능한 피해의 사전 방지, 프라이버시 보호 등 책임 있는 기술 개발 목표를 명시하고 있다. 구글 내부의 'AI 윤리심사위원회(AI Ethics Review Board)'는 고위험 기술에 대해 사전 심사를 수행하며, 사람에게 상해를 입히거나 국제 규범을 위반하거나 윤리적 기준에 부합하지 않으면 출시를 보류하는 결정을 내리기도 한다.

한편, 인공지능의 사용자들에게도 단지 기술을 소비하는 수동적 존재가 아니라, 인공지능 기술의 의미를 이해하고 그 활용 맥락을 재구성하는 능동적 판단자로서의 역할이 요구된다. 챗GPT와 같은 생성형 인공지능 도구를 사용할 때, 사용자는 그 결과물의 진위, 왜곡 가능성, 사회적 파급력을 고려하여 해석하고 활용할 책임이 있기 때문이다. 2023년 미국에서는 한 변호사가 챗GPT를 이용해 소송 자료를 작성했다가, 실제 존재하지 않는 판례를 인용한 사실이 드러나 징계를 받은 바 있다. 이는 생성형 인공지능이 '정답'을 주는 존재가 아니라, 참고 가능한 도구에 불과하다는 점을 간과한 대표적인 사례다. 또한 사용자의 '인공지능 리터러시 부족'은 편향된 정보의 무비판적 수용이나 기술에 대한 맹신으로 이어질 수 있다. 이를 방지하기 위해 미국 국립과학재단과 교육부는 2023년부터 중등 교육과정에 'AI 윤리'와 'AI 활용 교육'을 통합한 커리큘럼을 시범 도입하여 운영하고 있다.

결국 인공지능 개발자와 사용자는 'AI 시스템'이라는

공동의 지도를 그려 나가는 협력자다. 개발자는 지도의 윤곽을 설계하고, 사용자는 그 지도 위를 어떻게 해석하며 걸어갈지를 결정하며 둘 중 하나라도 윤리적 감수성이 결여된다면, 지도는 왜곡되고 방향을 잃게 된다.

향후, 인공지능 기술이 더욱 발전할수록, 우리의 삶에 더 깊숙이 파고들수록, 우리는 더 자주 길을 잃거나 균형점을 찾지 못하고 고통받을 우려가 클 것이다. 기술의 속도에 휘둘리지 않고 인간의 존엄성과 공동체의 지속 가능성을 갖춘 안전한 항해가 가능하려면 우리는 지금부터 올바른 나침반을 손에 쥐고 정확한 방향을 찾는 능력을 갖추어야 한다.

참고문헌

과학기술정보통신부(2020). "인공지능(AI) 윤리기준".

과학기술정보통신부(2025). "인공지능 윤리기준 실천을 위한 자율 점검표".

국가법령정보센터. "인공지능 발전과 신뢰 기반 조성 등에 관한 기본법(약칭: 인공지능기본법)". 법제처.

조희경(2023). "Getty v Stability AI 저작권 침해 소송 사건". 《저작권 동향》, 2023-12.

European Union(2024). EU AI Act. https://artificialintelligenceact.eu/

IBM Corporation(2024). AI Ethics. https://www.ibm.com/artificial-intelligence/ai-ethics

OECD(2019). OECD AI Principles.
https://www.oecd.org/en/topics/sub-issues/ai-principles.html

UNESCO(2021). Recommendation on the Ethics of Artificial Intelligence.
https://www.unesco.org/en/articles/recommendation-ethics-artificial-intelligence

06
스킬 이코노미의 시대

인공지능 시대에는 더 이상 학력이나 자격증만으로는 경쟁력을 설명할 수 없다. 학력 중심 사회에서 능력 중심 사회로 이행되는 스킬 이코노미의 개념과 배경을 살펴보고, 개인과 사회가 어떻게 새로운 교육, 학습, 역량 구조에 대응해야 하는지 알아본다.

AI와 야구?

배움의 재정의

인공지능 시대의 교육 혁신을 이해하기 위해 먼저 주목해야 할 개념은 바로 '지식 반감기(Half-Life of Knowledge)'다. 이는 일정 시점을 기준으로 기존에 알고 있던 지식의 절반이 더 이상 유효하지 않게 되는 시간을 의미한다. 학문적으로는 '지식 반감기'가 보다 널리 사용되는 용어이며, 기술이나 역량과 같은 실용적 분야에서는 '기술 반감기'라는 표현도 함께 쓰인다. 하버드대학의 새뮤얼 아브스만(Samuel Arbesman)은 《지식의 반감기(The Half-Life of Facts)》(2012)에서 과학 지식의 반감기를 평균 45년으로 추정했지만, 정보기술 분야에서는 이보다 훨씬 짧다고 밝혔다. 현대의 기술 환경에서는 특정 프로그래밍 언어나 툴이 불과 2~3년 만에 시대에 뒤처질 수 있으며, 이에 따라 직무 역량 또한 끊임없이 재학습되어야 한다.

이러한 지식 반감기의 가속화는 교육에 대한 기존의 패러다임을 근본적으로 재정의할 것을 요구한다. 과거에는 '학위'와 '자격증'이 고용과 전문성의 기준이 되었지만, 지금은 실제 문제 해결 능력, 새로운 기술 수용성, 협업 및 커뮤니케이션 능력과 같은 역량이 더 중요한 지표로 부상하고 있다. 이와 같은 변화는 '스킬 이코노미

(Skill Economy)'라는 새로운 노동 경제의 개념을 탄생시켰다. 스킬 이코노미란 자격이나 학력보다 '실질적인 기술'과 '업무 수행 능력'을 중심으로 인재를 선발하고 보상하는 경제 구조를 뜻한다. 이 개념은 2020년 이후 세계경제포럼(WEF), 매킨지, 딜로이트 등의 주요 보고서에서 지속적으로 강조되었으며, 특히 직무 중심 고용이라는 새로운 인재 채용 방식과 밀접하게 연결되어 있다. 대표적인 사례로 IBM은 2021년부터 전체 신입직 채용의 50% 이상을 '스킬 기반 직무 중심 채용' 방식으로 전환하였으며, 구글, 아마존(Amazon), PwC 등의 글로벌 기업들도 학위 요건을 폐지하거나 축소하고 '능력 중심의 평가 시스템'을 운영하고 있다. 국내에서도 SK, LG CNS 등 IT, 플랫폼 기업을 중심으로 포트폴리오 기반의 실무형 채용 비중이 증가하고 있다.

배움의 재정의는 이처럼 단순한 교육 방법의 변화가 아니라, 기술 환경과 노동 시장의 구조적 변화에 대한 본질적 대응이다. 학습은 더 이상 한정된 시기에 마무리되는 활동이 아니라, 학습자가 주체적으로 기술을 습득하고 재구성하며 발전시켜 가는 지속적 과정이다.

인공지능 튜터와 학습 보조 촉진자들

인공지능과 디지털 기술의 발전은 전통적인 학교의 구조와 기능을 근본적으로 재구성하고 있다. 학습이 특정 공간과 시간, 제도적 틀에 구속되지 않고 언제 어디서든 가능해졌기 때문이다. 오늘날의 인공지능은 학습자의 성향, 수준, 반응에 따라 콘텐츠를 조정하고 맞춤형 피드백을 제공하는 '지능형 교육 동반자'로서 기능하고 있다. 듀오링고(Duolingo, 미국)는 오픈AI(OpenAI)와 협업하여 GPT-4 기반으로 전 세계 5억 명 이상의 사용자에게 인공지능 기반 영어 능력 향상을 지원하고 있다. 코세라(Coursera, 미국)는 생성형 AI 기반 개인학습 코칭 기능으로 시간당 완료 강의 수를 11% 이상 증가시켰고 센추리(CENTURY) 플랫폼(영국)도 인공지능과 융합 적응형 학습 시스템으로 학습자의 이해도 향상은 물론 교사 업무량을 주당 평균 6시간 이상 절약절감하는 성과를 거두었다. 스퀴럴 AI(Squirrel AI, 중국)는 적응형 학습 기반 개인화 교육으로 수백만 명의 학생들이 학습 성과를 향상했으며 중국 내 2,000개 이상의 학습 센터를 운영 중이다. 국내에서도 2020년 출시된 웅진씽크빅의 'AI 스마트올', 천재교육의 '밀크T AI', 대교의 '눈높이 AI', 아이스크림미디어의 'AI 디지털교과서'와 'AI 매일수학', 뤼이드

(Riiid)의 '산타토익' 등이 인공지능 기반 개별 맞춤형 학습 지원과 학습자 취약점 분석 등을 통해서 학습 효율성 향상에 도움을 주고 있으며, '지능형 교육 동반자'로서 구체적인 효과를 입증하고 있다.

인공지능은 평가 영역에서도 빠르게 확산되고 있다. 미국 ETS는 토플(TOEFL) 시험의 일부 채점에 인공지능을 도입했으며, 그레이드스코프(Gradescope)는 손글씨 인식과 답안 자동 채점, 그룹화 기능을 통해 채점 시간을 절반 이상 줄여서 하버드대, 스탠퍼드대, MIT 등 주요 대학에서 널리 활용되고 있다. 국내에서도 한국교육과정평가원이 2023년부터 고교 모의고사 채점에 인공지능 기반 컴퓨터 평가(CBT)를 도입하였고, 한국교육방송(EBS)은 인공지능 기반 진단 및 맞춤형 평가 시스템으로 개별 학습자의 수준을 진단하고 맞춤형 문제를 추천하며, 와이즈멘토(YBM)는 음성 인식 기반 인공지능으로 영어 말하기 평가를 실시하고 실시간 피드백 제공으로 학습자의 학습 효과를 향상하고 있다. 이러한 인공지능 기반 학습 촉진 설루션은 개별 학습자에게 맞춤형 학습을 제공할 뿐 아니라, 교사의 행정적 부담을 줄여 주고, 수업 시간을 창의적 · 비판적 사고에 더 집중하도록 재설계할 수 있는 기반을 마련해 준다.

그러나 인공지능 튜터의 활용에는 몇 가지 유의점이 존재한다. 첫째로 인공지능은 학습자의 감정, 동기, 문화적 맥락까지 온전히 이해하기 어렵기 때문에, 인간 교사의 정서적, 윤리적 역할은 아직 대체 불가능하다. 둘째로 인공지능이 제공하는 피드백이 지나치게 정답 중심이 되면, 학습자의 창의성과 자율성을 저해할 우려가 있다. 셋째로 데이터 편향 문제로 인해 인공지능이 특정 학습자나 그룹에 불공정한 콘텐츠를 제공할 위험도 배제할 수 없다. 결국 인공지능 튜터와 학습 보조 촉진자는 교사를 대체하는 존재가 아니라, 교사의 교육 역량을 확장하는 파트너로 기능해야 한다. 유네스코는 2023년 보고서에서 "AI는 교사의 전문성과 상호 작용 능력을 강화하는 보완적 수단이며, 교육의 질을 높이는 데 기여할 수 있다"라고 강조했다.

나만의 진로 항로를 설계하라

인공지능과 디지털 기술이 주도하는 스킬 이코노미 시대에는 '직업'이라는 개념이 고정된 것이 아니며, 개인의 경력 역시 하나의 길이 아니라 끊임없이 분기하고 회귀하는 '항로'로 인식된다. 진로는 더 이상 학교, 자격, 학위만으로 직선처럼 이어지는 것이 아니고, 자기 주도적으로 재설계하고 탐험해야 할 다층적 경로가 되었다.

이러한 흐름 속에서 새로운 학습 경로를 스스로 설계하는 학습자들이 늘고 있다. 구글의 '구글 커리어 자격증(Google Career Certificates)'(2020~)는 데이터 분석, UX(사용자 경험) 디자인, 프로젝트 매니지먼트 등 6개월 이내의 집중 교육과정을 통해 학사학위 없이도 구직자에게 취업 기회를 제공한다. 이 프로그램을 이수한 82% 이상이 6개월 내 직무 전환 또는 취업에 성공했다고 보고되었다. 이는 기존 학력 중심 고용이 스킬 중심 채용으로 전환되고 있음을 보여 주는 대표적 사례다. 마이크로소프트와 링크드인(LinkedIn)이 협력하여 2021년부터 제공한 '글로벌 직무 역량 강화 프로그램(Global Skills Initiative)'도 유사한 사례다. 전 세계 4천만 명 이상이 이 플랫폼을 통해 클라우드 컴퓨팅, 데이터 분석, 고객 서비스 등 다양한 직무 스킬을 학습한 후 인증받아 이직 또는 경력 전환에 성공했다. 국내에서는 네이버 커넥트재단의 '부스트캠프', 카카오의 '멋쟁이사자처럼', 삼성의 'SSAFY(삼성 청년 SW 아카데미)' 등이 비전공자 또는 경력 단절자에게 맞춤형 개발자 커리큘럼을 제공하고 있으며, 이를 통해서 수료생들이 현업에 진출하거나 개인 창업에 성공하고 있다.

경제협력개발기구(OECD)는 '교육 2030(Education 2030)' 프로젝트를 통해 미래 사회에서 학습자가 갖추어야 할 핵심 역량을 발표하였는데 전통적인 지식 중심 교육에서 벗어나, 불확실성과 복잡성이 증가하는 사회 문제를 해결할 수 있는 전인적 역량 개발을 강조하고 있다. OECD가 제시하는 핵심 역량은 새로운 가치 창출 능력, 긴장과 딜레마 조정 능력, 책임 있는 행동을 위한 자기 조절 능력이라는 세 가지 범주로 구성된다. 이 세 축은 단순한 기능 습득이 아닌, 인간의 창의성과 공동체적 감수성, 윤리적 사고를 포함한 복합적 역량을 의미한다.

우리나라는 산업 현장에서 필요한 능력을 국가 차원에서 NCS(국가직무능력표준)로 표준화했는데 핵심 요소는 지식(Knowledge), 기술(Skill), 태도(Attitude)다. 특히 태도란 개인이 직무 수행 시 필요한 바람직한 마음가짐, 가치관, 책임감, 행동 양식 등을 의미한다. NCS를 활용하면 기업은 조직 내 직무를 체계적으로 분석하고 이를 토대로 직무 수행 중심의 인사 제도를 운영할 수 있고 개인은 기업이 어떤 능력을 갖춘 사람을 채용하고자 하는지 미리 알 수 있어서 효과적으로 직무 능력을 갖출 수 있다.

스탠퍼드대학교의 마크 새비카스(Mark Savickas)는

2015년 "경력은 설계되는 것이 아니라, 살아가면서 구성되는 이야기다"라고 강조한 바 있다. 이 말은 인공지능 시대, 스킬 중심 사회에 더욱 적절하게 적용된다. 스킬 이코노미 시대의 진로 설계는 마치 미지의 바다를 항해하는 것과 같다. 과거처럼 미리 정해진 항로를 따라가는 것이 아니라, 변화하는 바람과 조류를 읽으며 스스로 방향을 정하는 것이다. 이때 가장 중요한 것은 나만의 '직업 지도'를 그릴 수 있는 능력이다. 이 지도에는 현재 내가 어디에 서 있는지(현재 역량), 어디로 가고 싶은지(목표와 비전), 어떤 경로로 갈 것인지(학습 계획과 경험 설계), 예상치 못한 변화에 어떻게 대응할 것인지(적응력과 회복력)가 모두 표시되어야 한다. 그리고 기업과 사회는 그 항해를 지원하는 다층적인 경로 시스템을 함께 구축하고 지원해야 할 것이다.

참고문헌

국가직무능력표준(NCS)(2025). "국가직무능력표준(NCS) 활용". https://www.ncs.go.kr

한국교육과정평가원(2023). "인공지능 기반 컴퓨터 평가(CBT) 도입". https://www.kice.re.kr/main.do?s=kice

한국교육방송공사(EBS)(2024). "AI 기반 진단 및 맞춤형 평가 시스템 운영 성과". https://www.ebs.co.kr

Arbesman, S.(2012). *The Half-Life of Facts: Why Everything We Know Has an Expiration Date.* Current.

CENTURY Learning(2024). Actionable intelligence for your school. https://www.century.tech

Coursera Inc.(2024). Generative AI in Personal Learning. https://www.coursera.org

Duolingo Inc.(2024). GPT-4 Based Language Learning. https://www.duolingo.com

Google LLC(2024). Google Career Certificate(GCC). https://grow.google/intl/ko_kr/certificates

Gradescope Inc.(2024). AI-Powered Grading Systems. Gradescope. https://www.gradescope.com

OECD(2030). Education 2030: The future of education and skills Education 2030. https://www.oecd.org/content/dam/oecd/en/publications/reports/2018/06/the-future-of-education-and-skills_5424dd26/54ac7020-en.pdf

07
AI 시대 핵심 역량

질문력은 인공지능 시대 가장 강력한 경쟁력이자 무기다. 챗GPT나 클로드와 같은 생성형 AI는 주어진 질문에 대해 뛰어난 문장으로 답할 수 있지만, 스스로 사회적 맥락을 고려한 '의미 있는 질문'을 먼저 창출하지는 못한다. 이는 질문력이 인간 사고의 주도권을 쥐고 있음을 역설적으로 드러낸다. AI 시대 핵심 역량인 질문력을 키우는 방법을 알아본다.

AI와 운동주?

왜 질문인가?: 질문하는 인간이 AI 시대를 이끈다

질문은 인류 문명의 출발점이자 진보의 원동력이었다. 고대 그리스 철학자 소크라테스는 끊임없이 질문을 던지며 대화 상대의 무지를 드러내고 스스로 진리를 발견하도록 유도했다. 이는 오늘날 '산파술(Maieutics)'로 불리는 질문 기반 학습의 기초가 되었다. 근대 과학 혁명의 주역들 또한 질문을 통해 기존의 권위를 의심하고 새로운 가설을 세웠다. 갈릴레오는 '왜 천체는 지구를 중심으로 움직인다고 가정해야 하는가?'라는 질문을 던짐으로써 기존의 천동설을 흔들고, 과학 혁명의 문을 열었다. 노벨상 수상자인 리처드 파인만(Richard Feynman)은 '올바른 질문이 없으면 올바른 답도 없다'고 강조했다. 이는 과학 혁명 이후에도 지식의 진보가 질문을 통해서만 가능하다는 점을 잘 보여 준다. 이처럼 질문은 단순한 정보 요청이 아니라, 시대를 이끄는 지적 운동의 시작이었다.

21세기에 들어 질문의 중요성은 더욱 강조되고 있다. 특히 인공지능이 정보 분석과 정답 제시에 있어 인간을 능가하는 시대에, 질문을 하는 능력은 인간 고유의 사고 영역으로 재조명되고 있다. 인공지능은 기계학습을 통해 방대한 데이터를 처리하고 패턴을 인식할 수 있지만, 문제를 새롭게 정의하거나 아직 정립되지 않은 질문을 생성하는 데는 한계가 있다. 예컨대 챗GPT나 클로드와 같은 생성형 인공지능은 주어진 질문에 대해 뛰어난 문장력으로 답할 수 있지만, 스스로 사회적 맥락을 고려한 '의미 있는 질문'을 먼저 창출하지는 못한다.

더욱이 자동화가 심화될수록 질문은 인간이 수행해야 할 중심 과제가 된다. 반복적인 업무나 정형화된 분석은 인공지능이 대신하게 되고, 인간은 문제를 새롭게 정의하고 다음 탐색 방향을 설계하는 '질문하는 존재'로 역할이 바뀌는 것이다. 세계경제포럼(WEF)은 《2025년 미래 일자리 보고서(Future of Jobs Report 2025)》에서 향후 5년간 가장 중요한 역량으로 "호기심과 평생학습(curiosity and lifelong learning)"과 "창의적 사고(creative thinking)"를 제시했다. 이들은 모두 변화와 발전의 시작점이 바로 질문임을 강조한다. 실제 글로벌 테크 기업들은 채용 과정에서 지원자의 답변보다 질문을 중시하고 있으며, 조직 내에서도 문제 해결보다 '문제 정의' 능력을 갖춘 인재를 높이 평가하고 있다. 질문은 단순한 기술이 아니라 '인간이 사고하고 존재하고 변화하는 방식' 그 자체다. 그렇기 때문에 지금 우리는 무엇보다 질문을 다시 배워야 하는 시대에 서 있다.

질문력, 인공지능 시대의 제1 스킬

세계경제포럼(WEF)의 《2025년 미래 일자리 보고서》에 따르면, 2030년까지 핵심 기술 중 39%가 변화할 것으로 예상되며, 이는 지속적인 학습과 기술 재교육의 중요성을 부각한다. 이러한 변화의 중심에는 질문하는 능력이 있다. 질문력은 단지 언어적 능력이 아니라, 관찰력, 맥락 파악, 가설 설정, 비판적 검토라는 네 가지 사고 활동을 아우른다. 즉, 질문은 단순한 정보 요청이 아니라, 문제를 구조화하고 해석하며 확장하는 고차원적인 사고의 연속이다. 이러한 역량은 어떤 산업군이나 직무 영역이든지 필수적이기 때문에, 질문력은 '모든 기술의 어머니'라고도 불릴 수 있다.

좋은 질문에는 구조가 있다. 효과적인 질문은 단지 직관이나 호기심에서 나오는 것이 아니라, 사고를 확장하고 심화하기 위한 일정한 체계 속에서 만들어진다. 교육학과 비판적 사고 교육 분야에서는 오래전부터 질문의 질을 향상하기 위한 체계적 분류법을 연구해 왔다. 널리 활용되는 틀 중의 하나는 바로 '사실(Factual)-해석(Interpretive)-비판(Critical)'의 3단계 구조다. 이는 비판적 사고 교육 전문가들이 개발한 질문 프레임과도 통하며, 교육 현장에서는 이 3단계 질문 구조가 학습자의 사고 깊이를 점진적으로 확장하는 도구로 활용되고 있다. 예를 들어 한 사회적 사건이나 기사에 대해서 사실 질문은 "이 사건은 언제, 어디서, 누구에 의해 발생했는가?"라고 물을 수 있다. 객관적 정보 확인을 위한 질문이다. 해석 질문은 "이 사건은 왜 발생했으며, 관련된 이해관계자들은 어떤 맥락 속에서 그런 결정을 했는가?"다. 즉 맥락과 원인에 대한 이해를 촉진하는 질문이다. 다음으로 비판 질문은 "이 보도는 어떤 편향이 존재하며, 다른 시각에서 본다면 어떻게 재해석될 수 있는가?"라고 할 수 있다. 대안과 관점을 확장하는 질문이다.

이 3단계 구조는 단순히 정보를 끌어내는 것이 아니라, 사고의 초점과 범위를 조절하는 방식으로 작동한다. 핀란드 교육청은 이 3단계 질문 구조를 수업 설계에 통합하고 있으며, 실제로 교사들이 사용할 수 있는 '질문 카드'를 개발하여 각 수업의 탐색 단계를 지도하는 도구로 활용한다. 미국의 국제 바칼로레아(IB) 프로그램도 '탐구 질문(Inquiry Questions)'을 수업 설계 핵심으로 두고, 사실-개념-토론 수준으로 나누어 사고 수준을 체계적으로 확장한다. 호주 뉴사우스웨일스주 교육

부는 교수자를 위한 '핵심 질문 전략(Key Questioning Strategies)'을 개발했다. 이 전략은 블룸(Bloom)의 교육목표 분류법에 기초해 6단계 질문 체계를 제시한다. 이를 통해 교사는 지식의 습득에서 평가에 이르기까지 단계별로 사고를 확장하도록 수업을 설계할 수 있다. 그러므로 질문은 단지 정답을 이끌어 내기 위한 수단이 아니라, 학습자의 사고의 깊이와 방향을 결정짓는 구조적 도구다.

질문하는 훈련법: 챗GPT와 함께 질문 설계하기

인공지능 시대의 질문력 훈련은 이론적 사고 훈련을 넘어서, 실제적인 실습과 루틴 설계가 결합된 '실전 훈련'으로 접근해야 한다. 특히 GPT-5, 클로드 4, 제미나이 2.5 프로 등과 같은 최신 생성형 인공지능은 학습자의 질문력 향상에 매우 유용한 동반자가 될 수 있다. 여기에서는 챗GPT를 활용한 질문 훈련법과 평가 루틴을 구체적으로 알아본다.

챗GPT는 대화형 인터페이스를 기반으로, 사용자의 질문 의도를 파악하고 구조화된 답변을 제공하는 데 강점을 가진다. 이 특성을 활용하면 4단계 질문 훈련 사이

클을 구성할 수 있다. 첫째, 질문 제시 단계에서 학습자는 자신의 관심 주제나 탐구 대상에 대해 인공지능에게 질문을 던진다. 둘째, 인공지능 응답 분석 단계에서 생성형 인공지능의 응답을 분석하며, 정보의 범위, 깊이, 한계 등을 검토한다. 이 과정에서 모호하거나 새로운 논점을 발견할 수 있다. 셋째, 후속 질문 설계 단계에서 이전의 응답을 기반으로 더 구체적이거나 비판적인 후속 질문을 설계한다. 넷째, 반추와 재구성 단계에서 전체 대화 흐름을 정리하며, 자신이 어떤 질문 전략을 사용했는지를 되돌아본다. 질문력은 외부 평가보다는 스스로의 메타인지적 피드백을 통해 향상되는 경우가 많다. 이를 위해 질문 명확도, 의도 적합성, 응답 확장성, 비판 가능성이라는 네 가지 성찰 프레임을 활용할 수 있다. 이러한 항목을 기준으로 자신의 질문을 5점 척도로 자가 평가해 보는 것도 유익하다. 나아가 혼자만의 훈련이 아니라 소규모 팀 기반 질문 세션을 운영하는 것도 효과적이다. 예를 들어 팀원 각자가 챗GPT에게 질문을 던지고, 그 응답과 질문 전략을 공유한 뒤, 서로의 질문을 상호 평가하거나 개선점을 제안하는 방식이다.

또한 주간 질문 루틴을 문서화하고, 챗GPT가 제공한 답변 중 인사이트가 있었던 부분과 의문이 남은 부분을

나누어 기록하면, 자연스럽게 사고의 깊이가 누적된다. 이때 활용할 수 있는 방법으로는 '질문 포트폴리오' 작성이 있다. 예를 들어 주간 단위로 질문-답변-피드백을 구조화된 표로 정리하고, 질문 유형별 혹은 난이도별로 분류하면 자신의 사고 습관과 성장 과정을 시각적으로 확인할 수 있다. 유의할 점은 챗GPT는 문장 구조화와 논리적 설명 능력은 뛰어나지만, 사실 근거의 정확성이나 출처 명시가 부족할 수 있다. 따라서 질문자는 인공지능이 제시한 내용을 출처 확인, 다른 관점과의 비교, 사실 검증 등의 기준에 따라 재구성할 필요가 있다. 이 과정 자체가 고차원적 사고 훈련이 되는 장점이 있다.

또한 생성형 인공지능은 '질문의 구조와 지침'에 민감하게 반응한다. "왜?"보다 "무엇이?", "어떻게?"보다 "비교해 보라"는 식의 복합적 질문은 더 정교한 답변을 유도한다. 이러한 이유는 생성형 인공지능은 대형언어모델(LLM)과 연계되어 있는데 대형언어모델은 입력 질문을 일련의 토큰으로 읽어 들이고 텍스트 입력 시작 부분에 더 많은 주의를 기울이며 토큰의 용량 한계로 인해서 후반부에는 집중력이 약화되기도 하기 때문이다. 따라서 질문자는 자신이 사용하는 문장의 목적어와 동사를 의식적으로 조절하며, 생성형 인공지능이 입력 지침을 잘 이행하는지 관찰하여 신뢰할 수 있는 출력을 이끌어 내도록 훈련하는 것도 효과적이다.

인공지능 시대 질문력과 관련하여 또 하나의 유의할 점은 우리나라의 경우 '질문하는 문화'가 다소 정착되지 못한 것이다. 좋은 질문을 하는 것이 좋은 답변을 이끌어 내고 발전의 원동력인 것은 모두가 잘 알고는 있으나, 전통적으로 동아시아 유교 문화권에서는 질문을 많이 하면 '유난스러워 보인다'는 다소 부정적인 시각이 있었다. 예전에 우리나라 학생들은 학교에 등교하면서 "선생님 말씀을 잘 들어라"라고 부모님께 배웠다. 반면에 이스라엘의 학생들은 "모르는 것이 있으면 선생님께 즉시 질문하라"는 말을 들으며 등교했다. 최근에는 다행히 각 가정에서도 교육 방법이 많이 변화하였고 기업에서도 '좋은 질문을 장려하는 문화'가 확산되고 있다. 각급 학교 교육 현장에서도 질문하는 수업, 토의 토론 수업의 중요성을 강조하고 있으니, 필자는 인공지능 시대에는 '질문하는 문화'가 더욱 정착되기를 희망한다.

챗GPT는 단순한 보조 도구가 아니라, 질문 설계 능력을 훈련하는 실전 시뮬레이터로 활용해야 한다. 사고 루프 설계와 자기 피드백 시스템을 결합함으로써, 질문자는 자신의 사고 흐름을 가시화하고 더 높은 수준의 질문 역량을 키울 수 있다. 질문하는 힘은 연습하여 기를 수 있으며 그 훈련의 중심에는 이제 인공지능이라는 '동반자'가 존재한다. 미래 직업 지도에서 질문력은 인간이 인공지능과 협력하며 새로운 가치를 창출하는 핵심 나침반 역할을 하게 될 것이다.

참고문헌

교육부(2024). "현장의 자율적 수업 혁신 지원으로 교사가 이끄는 교실 혁명을 시작한다". 교육부 보도자료. https://www.moe.go.kr/boardCnts/viewRenew.do?boardID=294&boardSeq=98300&lev=0&searchType=null&statusYN=W&page=1&s=moe&m=020402&opType=N

Bloom, B. S.(1956). *Taxonomy of Educational Objectives: The Classification of Educational Goals*. Longmans, Green.

Descartes, R.(1637). *Discourse on the Method*. Jan Maire.

Einstein, A.(1955). *Ideas and Opinions*. Crown Publishers.

MYP Interdisciplinary Unit Planning Guide(2024). Inquiry questions. https://guide.fariaedu.com/interdisciplinary-teaching-and-learning/inquiry/inquiry-questions

New South Wales Department of Education(2024). Key Questioning Strategies. NSW Government. https://education.nsw.gov.au/teaching-and-learning/professional-learning/teacher-quality-and-accreditation/strong-start-great-teachers/refining-practice/teacher-questioning/key-questioning-strategies

Sormunen, K. et al.(2014). Finnish science teachers' views on the three stage model. *Science Education International, 25*(2), pp.43~56. https://files.eric.ed.gov/fulltext/EJ1032965.pdf

World Economic Forum(2025). Future Workforce Skills: Curiosity, Creative Thinking, and Problem Definition. https://www.weforum.org/stories/2025/01/future-of-jobs-report-2025-jobs-of-the-future-and-the-skills-you-need-to-get-them/

08

청소년과 대학생을 위한 AI 활용법

청소년과 대학생을 위한 맞춤형 인공지능 활용 전략을 소개한다. 인공지능을 통해 배움을 확장하고, 창의성을 발휘하며, 자기 주도 학습을 실현하는 구체적인 활용법을 제시한다. 독자는 이 장을 통해 진로 탐색, 자기 주도 학습, 포트폴리오 구성 등 미래 직업 준비 과정에 인공지능을 활용하는 방법을 배우게 된다.

AI와 한의학?

인공지능으로 시작하는 직업 탐색

인공지능 기반 진로 탐색 플랫폼은 이제 직업 선택의 출발점이자 방향을 설계하는 필수 도구가 되었다. 미국 노동부가 운영하는 진로 설계 플랫폼 '마이 넥스트 무브(MyNextMove.org)'는 2024년 기준으로 900개 이상의 직무 데이터를 분석해, 사용자의 성향과 응답을 바탕으로 맞춤형 직무를 추천한다. 이 플랫폼은 홀랜드(Holland) 진로 유형 검사와 연동되어 있으며, 직업별 평균 연봉, 성장 전망, 요구 역량, 관련 전공, 업무 환경까지 종합적으로 제시한다. 세계경제포럼은 《2025년 미래 일자리 보고서(Future of Jobs Report 2025)》를 통해 인공지능 기반 '스킬 매칭 툴(Skill Matching Tool)'을 제시했다. 이 도구는 20억 건 이상의 글로벌 노동 시장 데이터를 기반으로 구축되었으며, 사용자가 입력한 현재 기술 스킬셋과 목표 직무 간의 '스킬 격차(skill gap)'를 분석해 준다. 이 분석 결과를 바탕으로, 사용자에게 어떤 역량을 더 강화해야 하는지, 어떤 온라인 학습 코스를 통해 준비할 수 있는지를 단계적으로 안내한다. 인공지능의 도움을 받아 개인화된 '진로 성장 경로'를 설계해 주는 도구라 할 수 있다.

국내에서도 이러한 흐름이 빠르게 도입되고 있다.

한국고용정보원에서 운영하는 커리어넷(Careernet)은 2024년부터 인공지능 기반 직업 추천 엔진을 고도화하여, 청소년 맞춤형 진로 진단 서비스를 강화했다. 특히 '직업흥미검사'와 '진로성숙도검사', '직업 가치관 검사' 등 다양한 검사 결과를 종합 분석한 뒤, 인공지능이 개인별 성향에 맞는 직무를 제시한다. 이후 추천된 직업군에 대한 멀티미디어 정보를 함께 제공하며, 진로 포트폴리오 작성 도구를 통해 사용자가 자신의 이력을 누적 관리하고 목표 진로까지의 경로를 시각화할 수 있도록 지원한다.

이처럼 인공지능은 더 이상 단순한 정보 검색 도구가 아니라 각자의 잠재력과 미래의 직업 지형을 연결해 주는 고도화된 '탐색 엔진'이며, 사용자 중심의 '직업 지도'를 함께 그려 가는 안내자 역할을 한다. 특히 변화 속도가 빠른 디지털 산업 구조 속에서 인공지능은 수요에 따른 직무의 변화를 즉시 반영할 수 있기 때문에, 진로 설계는 실시간으로 '앞을 보는 역량'으로 전환되고 있다.

자기 주도 학습을 위한 실전 인공지능 활용법

인공지능은 청소년과 대학생들이 자신의 학습을 스스로 설계할 수 있도록 돕는 '개인 맞춤형 튜터' 역할을 수행하고 있다. 특히 GPT-5, 클로드 4, 제미난이 2.5 프로 등은 실시간 멀티모달 이해, 고속 응답, 코드 분석, 자연스러운 대화 흐름이 가능해져 학습 루틴 설계에 매우 효과적이다. 자기 주도 학습 루틴 설계에서 가장 효과적인 방법은 요약 훈련이다. 교과서, 논문, 강의 노트를 복사하여 붙여 넣으면, GPT-4 등이 핵심 개념과 구조를 정리해 준다. 오답 분석에서는 틀린 개념을 챗GPT에게 설명하도록 요청하여 논리 오류나 배경 개념을 명확히 파악할 수 있다. 스터디 플래너 생성은 "한 주에 5일 학습 가능한데, 수학 · 과학 중심 루틴을 설계해 줘"라고 요청하면 실천 가능한 계획표를 생성해 준다.

다양한 인공지능 기반 학습이 계속 확장되고 있다. 코딩 및 수학 문제 풀이에서 제미나이 2.5 프로는 수식 처리와 파이썬(Python) 코드 해석에 강하며, 코드 블록별 설명이 가능하다. 논술, 에세이 작성 시 GPT-5는 논리 흐름을 도와주며, 문장 교정과 톤 조정 등이 가능하다. 강의 요약 및 개념 정리는 유튜브 강의의 스크립트를 제미나이로 입력하거나 트랜스크라이브(Transcribe) 툴과 결합하여 요약 정리가 가능하다. 프레젠테이션 자료 생성은 캔바(Canva) 인공지능을 이용해 주제별 발표 자료를 자동 생성하고 감마의 도움을 받을 수도 있다. 또한 인공지능 활용 학습의 장점은 개인 맞춤 학습, 24시간 접근성, 반복 훈련 최적화, 자기 피드백 촉진에 있다. 특히 인공지능 활용 포트폴리오 제작에서 노션(Notion) AI, 캔바 AI, 깃허브(GitHub) 코파일럿(Copilot), 어도비(Adobe) 파이어플라이(Firefly) 등의 도구들을 활용하면 매우 유익하다. 포트폴리오 구성 시 목표 설정부터 시작하여 어떤 직무나 진로에 활용할 것인지 명확히 정의하고, 활동 기록, 글, 설계안, 코드, 프로젝트 등 자신이 한 모든 작업을 수집한다. 이후 노션 AI나 GPT-4에 자료를 입력하여 "이 활동들을 직무 핵심 역량별로 분류해 줘"라고 요청하고, 챗GPT에게 "이 경로를 일관된 진로 탐색 흐름으로 연결해 줘"라고 요청하여 구조화된 흐름을 확보할 수 있다. 마지막으로 캔바 AI로 이를 시각화하고 GPT로 소개 글, 프로젝트 설명, 자기소개를 신속하게 보완할 수 있다.

인공지능 시대의 개인 브랜딩 전략

개인 브랜딩은 인공지능 시대에 선택이 아닌 필수 생존 전략이다. '내가 누구인지'를 명확히 표현할 수 있는 능력은, 치열한 정보 환경과 빠르게 변화하는 직무 시장에서 자신만의 좌표를 확보하는 가장 강력한 무기가 된다.

특히 디지털 환경에서 개인의 활동과 성과는 온라인에 축적되고, 그것이 곧 평판과 신뢰도로 이어지는 시대다. 인공지능을 활용한 개인 브랜딩의 성공 사례로 미국 대학생들이 GPT 기반의 에세이 구조화와 캔바 AI를 활용한 발표 영상 제작으로 만든 포트폴리오와 자기소개 자료를 링크드인(LinkedIn)에 게시하여 HR 관계자들의 주목을 받는 경우가 늘고 있다. 핵심은 단순한 기술보다 자신을 일관성 있게 서사화하고 알기 쉽게 시각화한 전략에 있다.

인공지능을 활용한 추천 개인 브랜딩 절차는 다음과 같다. 첫째 '나의 정체성 분석과 키워드 추출 과정'에서 GPT에게 자신의 경험과 목표를 설명한 후 핵심 강점을 분석해 달라고 요청한다. 예를 들어 "나는 광고 분야로 진출하고 싶은 경영학과 학생이다. 동아리 홍보 담당, 사회관계망서비스(SNS) 콘텐츠 제작 경험, 온라인 쇼핑몰 운영 경험이 있다. 나의 강점과 차별화 포인트를 몇 개의 키워드로 정리해 주세요"라고 구체적으로 질문한다. 둘째 '브랜드 슬로건 개발 단계'에서는 추출된 키워드를 바탕으로 자신을 한 문장으로 표현하는 슬로건을 만든다. GPT에게 "앞서 분석한 키워드들을 활용해서 나를 소개하는 임팩트 있는 한 줄 문장을 3가지 버전으로 만들어 주세요. 각각 전문성, 친근함, 혁신성을 강조한 톤으로 작성해 주세요"라고 요청할 수 있다. 셋째 '시각적 콘텐츠 제작 과정'에서는 캔바 AI, 피그마 AI 등을 활용해서 이력서, 포트폴리오, 자기소개 영상을 제작한다. 일관된 색상과 레이아웃을 사용해 브랜드 통일성을 유지하며, 복잡한 정보를 인포그래픽으로 시각화한다. 넷째 '스토리 구성 및 연결 단계'에서도 GPT에게 논리적 흐름을 강조하여 개인의 성장 과정을 일관된 내러티브로 구성한다. 다섯째 '플랫폼별 최적화 배포 과정'에서는 각 플랫폼의 특성에 맞게 콘텐츠를 조정해서 게시한다. 링크드인에는 전문성 중심의 긴 형태 글, 인스타그램에는 시각적 하이라이트 자료, 깃허브에는 기술적 성과물을 중심으로 올린다.

브랜딩 콘텐츠를 발표할 수 있는 플랫폼으로는 링크드인이 글로벌 취업시장과 연결되는 핵심 플랫폼으로, 전문적인 자기소개, 프로젝트 성과, 인사이트 게시글을 통해 신뢰도를 구축할 수 있다. 깃허브와 노션은 기술 중심 브랜딩에 적합하며, 프로젝트 포트폴리오, 코드, 학습 과정을 체계적으로 정리해 개발 역량을 보여 줄 수 있다. 브랜딩은 마치 '자기 정체성을 표현한 지도'와 같다. 어떤 키워드가 핵심인지, 어떤 메시지가 자신을 가장 잘 설명하는지, 어디에 그것을 효과적으로 펼칠지를 인공지능과 함께 체계적으로 설계할 수 있다.

인공지능을 넘어서, 나를 설계하는 힘

경제협력개발기구(OECD)는 2023년 《디지털 교육 전망(Digital Education Outlook 2023)》 보고서에서 다음과 같이 경고했다. "기술적 활용 능력보다 중요한 것은 디지털 환경 속에서 정보의 신뢰성을 평가하고, 책임 있는 결정을 내리는 시민적 역량이다." 세계경제포럼 역시 《2025년 미래 일자리 보고서》에서 비판적 사고와 디지털 윤리의 중요성을 인공지능 시대의 핵심 역량으로 제시한 바 있다. 디지털 네이티브 세대는 디지털 도구에 익숙하지만, 동시에 정보 홍수, 과잉 자동화, 윤리적 회색지대라는 새로운 위험에도 노출되어 있다. 따라서 인공지능을 활용하는 능력뿐 아니라, 인공지능 시대를 '살아내는 능력'인 균형 감각, 비판성, 책임감 등이 더욱 중요해지고 있는 것이다.

이러한 맥락에서 청소년과 대학생이 인공지능과 상호작용할 때 실천해야 할 생존 전략은 다음과 같다. 인공지능과의 균형 잡힌 거리를 유지하고 과의존을 금지해야 한다. 숙제를 대신하게 하거나, 질문 없이 복사-붙여넣기 하는 습관은 사고력을 약화한다. 인공지능을 언제나 대답하는 '대답 기계'가 아니라 '생각 파트너'로 활용해야 한다. 아울러 인공지능의 한계를 이해하여 생성형 인공지능이 제시해 주는 답변은 데이터 기반 예측일 뿐이며, 맥락을 완전히 이해하지 못한다는 점을 항상 염두에 두어야 한다. 디지털 윤리를 내재화해서 저작권과 생성물 책임성 등을 인식해야 한다. 인공지능으로 생성한 이미지, 글, 영상은 창작물로서 권리 문제에 해당되며, 발표 자료와 포트폴리오에 사용할 때 출처를 명시해야 한다. 인공지능은 아직은 학습된 데이터에 따라 편향된 정보를 제공할 수 있어서 젠더, 인종, 문화적 고정관념 등을 재생산할 가능성을 비판적으로 바라보는 자세도 필요하다.

인공지능은 나를 대신해 주는 존재가 아니라, 나와 함께 확장하는 존재다. 인공지능에게 입력한 답변을 정리할 때 인공지능은 내가 미처 생각하지 못했던 관점을 제시해 주기도 하고, 프로젝트를 설계할 때는 논리 구조와 표현 방식을 조정해 주기 때문이다. 인공지능과의 협업은 사고력, 창의력, 비판적 사고력을 강화해 줄 수 있다. 인공지능과 함께 나의 지도를 그리는 과정은 나의 미래의 정체성과 방향성을 재정의하는 여정이다. 청소년과 대학생들이 인공지능 도구를 활용하여 자신만의 진로 지도를 그리는 능력을 갖추고 기술적 숙련도와 윤리적 성찰이 조화를 이룰 때 진정한 미래 역량을 갖추게 될 것이다.

참고문헌

경상남도교육청(2024). "2024년 인공지능 활용 수업 도움 자료".

한국고용정보원(2024). "커리어넷 인공지능 기반 직업 추천 엔진 고도화 서비스". https://www.keis.or.kr

Adobe. https://www.adobe.com

Canva. https://www.canva.com

Figma. https://www.figma.com

GitHub. https://github.com/

Holland, J. L.(1997). *Making Vocational Choices: A Theory of Vocational Personalities and Work Environments(3rd ed.).* Psychological Assessment Resources.

OECD(2023). *Digital Education Outlook 2023: Towards an Effective Digital Education Ecosystem.* OECD Publishing.

09
커리어 리셋 로드맵

인공지능 시대는 직업의 종말이 아니라 '커리어의 재정의'의 시대다. 자동화, 디지털 전환, 플랫폼 경제 등 빠르게 변화하는 환경 속에서, 한번 선택한 직업을 평생 유지하는 전통적 경로는 더 이상 유효하지 않다. 직장인들이 인공지능 시대에 어떻게 기술을 재설계하고, 새로운 역량을 갖추며, 커리어를 전환할 수 있는지에 대한 실천적 전략을 살펴본다.

AI와 화장품?

인공지능 시대, 평생학습은 전략이다

매킨지&컴퍼니(McKinsey & Company)는 2024년《다가오는 거대 경쟁 무대(The Next Big Arenas of Competition)》보고서를 통해 "2030년까지 현재 일하는 시간의 최대 30%를 차지하는 활동들이 자동화될 수 있으며, 이는 생성형 인공지능에 의해 가속화되는 추세"라고 발표했다. 특히 인공지능, 자동화, 디지털화의 물결은 단순 반복 업무의 대체뿐만 아니라, 고부가가치 창출 역량에 대한 요구 수준을 높이고 있다.

이런 변화 속에서 '업스킬링(upskilling)'과 '리스킬링(reskilling)'은 선택이 아닌 필수가 되었다. 두 개념은 비슷해 보이지만 실제로는 다르다. 업스킬링은 기존 직무 내에서 기술과 역량을 심화하는 것이다. 예를 들어 사무직 직원이 기존 문서 작업 업무에서 'AI 번역 도구'와 'AI 자동 요약' 기능을 배워 업무 효율을 높이거나, 카페 사장이 기존 매장 운영에 '키오스크'와 '모바일 주문 시스템'을 도입하는 것이 해당된다. 즉 기존의 커리어를 심화하는 전략이다. 리스킬링은 아예 새로운 직무로의 전환을 위한 역량 전환이다. 예를 들어 제조업 생산직 직원이 UX(사용자 경험) 디자인이나 데이터 분석 과정을 수료하고 IT 직군으로 이직하는 것이 이에 해당한다. 이는 커리어 경로 자체를 새로 그리는 전략이다.

경제협력개발기구(OECD)는 2023년 《미래 일자리 회복력 보고서(Future of Work Resilience Report)》에서 "지식 축적 중심에서 실천 기반 순환 학습으로 전환해야 하며, 디지털 역량은 전 직무에 걸쳐 필수적인 최소 요건이 된다"라고 밝혔다. 이 보고서는 디지털 및 그린 전환을 위한 회복력 있는 기술의 중요성을 강조하며, OECD 국가에서 평균적으로 성인의 40%만이 직업 관련 이유로 공식 또는 비공식 학습에 참여하고 있어서 향후 업스킬링과 리스킬링 기회의 확대가 필요하다고 지적했다. 특히 고령화와 자동화가 동시에 진전되는 우리나라에서는 평생학습 접근성과 질이 미래 국가 경쟁력의 핵심이 될 것이라고 경고했다.

이처럼 평생학습은 더 이상 퇴직 후 여유 시간에 하는 것이 아니라, 현재 커리어를 지키고 전환하기 위한 '전략의 생존 도구'로 작동한다. 단순한 교육이 아니라, '경로를 다시 설계하는 작업', 즉 '커리어 지도'를 다시 그리는 것이다. 이를 위해서는 세 가지 질문이 핵심이 된다. 첫째, '나는 어떤 기술을 갖고 있는가'는 나의 현재 좌표를 묻는 질문이다. 둘째, '미래에 어떤 기술이 필요한가'는 앞으로의 목표 지점을 묻는 질문이다. 셋째, '그 사이를 어떻게 연결할 것인가'는 나만의 학습 경로를 묻는 질문이다. 인공지능이 이러한 질문들을 구체화하고 방향을 제시하는 '항법 장치'라면, 직장인은 그 지도를 읽고 자신의 길을 개척하는 '항해자'가 되어야 한다.

직장인을 위한 리스킬링 툴과 활용 전략

인공지능 관련 기술이 빠르게 확산됨에 따라, 기존 인력의 재교육 없이 외부 채용만으로 인재 수요를 채우는 것이 매우 어려운 상황이다. 현재 전 세계 주요 기업들은 사내 리스킬링 툴을 적극 도입하고 있으며, 대표적인 글로벌 플랫폼들이 주목받고 있다. 디그리드(Degreed)는 '학위(degree)와 관련된 제약을 없애자'는 철학으로 시작한 사내 학습 플랫폼으로, 인공지능을 활용해서 개인의 학습 경로를 설계하고, 능력 수준에 따른 인증을 부여하며, 직무 기반 역량 매핑 기능을 제공한다. AT&T, 유니레버(Unilever), 에어비앤비(Airbnb) 등에서 도입되었으며, 직원의 학습 목표 설정부터 실습 과제까지 통합 관리가 가능하다. 코세라 포 비즈니스(Coursera for Business)는 기업 맞춤형 교육 플랫폼으로, 구글, IBM, 메타(Meta) 등 기술 기업이 제공하는 인증 과정을 통해 실무 능력을 검증할 수 있다. 마이크로소프트 런

(Microsoft Learn)과 링크드인 러닝(LinkedIn Learning)은 마이크로소프트 생태계 기반의 디지털 학습 플랫폼으로, 애저(Azure), 엑셀 AI, 코파일럿 등 업무 자동화 도구 중심의 실무 교육을 제공한다. 2024년 기준 월간 사용자 수는 1,500만 명을 돌파했다.

국내 사례로서 삼성SDS의 'S마인드 캠퍼스'는 인공지능 기반 맞춤형 학습 추천 시스템을 통해 직원별 성장 경로를 설정하며, 2022년부터 시행되고 있다. '디지털 프로젝트 챌린지'와 연계되어 실전 중심의 교육으로 평가받고 있다. '네이버 커넥트 AI 클래스(NAVER Connect AI Class)'는 네이버가 운영하는 현업 연계 인공지능 교육 플랫폼으로, 2024년부터 사내 엔지니어 대상 '초개인화 AI 콘텐츠 분석 실습'으로 학습자의 주체적 성장과 실무 스킬 향상을 지원하고 있다.

효과적인 리스킬링 전략은 다음의 3단계 접근 방식으로 요약할 수 있다. 첫 번째는 '역량 진단'으로, 현재 보유한 기술과 목표 직무 간의 기술 격차 분석을 실시한다. 대표 도구로는 디그리드, 링크드인 스킬 인사이트(LinkedIn Skills Insight)가 있다. 두 번째는 '학습 경로 설계'로, 목표 직무에 필요한 기술 매핑 후 필요한 학습 과정을 도출하고 학습 시간표 및 진도 관리 도구를 연계한다. 세 번째는 '소규모 실습 프로젝트 병행'으로, 프로젝트 기반 학습(PBL) 방식을 도입한다. 예를 들어 LG전자의 '리스킬링 프로그램'에서 16주간의 강도 높은 전문 교육과 사내 소프트웨어 역량 인증을 통과한 후 실무 부서에 배치하는 방식이 있다. 리스킬링 성공 요건으로는 조직의 시스템화된 경력 설계와 개인의 자기 주도 학습 루틴, 실습 중심 과제 수행의 3요소가 강조된다. 단순히 교육 콘텐츠를 듣는 것을 넘어, 실천 기반 학습에서 성과 축적으로, 다시 직무 설계로 이어지는 구조가 되어야 성공률이 높다.

업무를 바꾸는 AI 도구들과 커리어 전환 사례

인공지능이 모든 직장인의 일상이 된 지금, 성공하는 사람과 뒤처지는 사람의 차이는 단 하나다. 바로 인공지능 도구를 얼마나 능숙하게 활용하느냐다. 이론적 지식보다 실무에서 즉시 적용 가능한 도구 활용법을 익히는 것이 리스킬링과 업스킬링의 가장 빠른 지름길이다.

직장인이 반드시 알아야 할 인공지능 도구들은 크게 세 분야로 나뉜다. 첫 번째는 문서와 커뮤니케이션 영역이다. 챗GPT-5는 회의록 정리, 보고서 구조 설계, 이메일 초안 작성에 활용되며, 자연어 대화만으로 누구나 쉽게 사용할 수 있다. 그래머리GO는 영어 비즈니스 문서의 문법 교정과 스타일 조정을 자동화하고, 워드 코파일럿은 조직 내 문서 포맷에 맞춘 보고서와 제안서를 즉시 생성한다. 두 번째는 데이터 분석과 시각화 영역이다. 엑셀 코파일럿은 복잡한 함수를 자동 생성하고 실시간 차트를 만들어 주며, 파워 BI는 데이터를 시각적 대시보드로 변환해 자동 리포팅까지 지원한다. 세 번째는 콘텐츠 제작과 창작 영역이다. 노션 AI는 프로젝트 관리와 회의록 요약을 통합 지원하고, 캔바 매직 스튜디오는 전문 디자이너 없이도 마케팅 자료를 제작할 수 있게 해 준다.

실제 기업들의 커리어 전환 성공 사례를 보면 그 효과가 분명하다. AT&T는 2020년부터 10만 명 직원을 대상으로 리스킬링 플랫폼을 운영해 고객 서비스 인력의 55%를 데이터 분석과 소프트웨어 개발 직무로 전환했다. 독일 지멘스는 전체 직원의 70%가 디지털 인증 과정을 이수하고 15%는 완전한 직무 전환에 성공했다고 발표했다. 국내에서도 삼성전자가 2021년부터 운영한 직무 전환 교육을 통해 누적 6,000명이 참여하여 40% 이상이 새로운 직무로 정규 배치되었다. LG전자는 16주 집중 교육으로 200여 명을 소프트웨어 개발자로 전환했고, KB국민은행은 1만2천여 명이 참여한 디지털 리터러시 프로그램을 통해 2,100명을 신기술 직무로 재배치했다.

이러한 성공 사례들이 보여 주는 핵심은 리스킬링이 단순한 교육 수강이 아니라 구체적인 결과를 만드는 전략적 접근이라는 점이다. 직무마다 필요한 인공지능 기술과 역량이 다르기 때문에, 직장인들은 자신의 현재 위치에서 목표 지점까지의 학습 경로를 명확히 설계해야 한다. 이는 마치 지도 위에 출발점과 도착점을 표시하고 최적의 경로를 찾는 것과 같다. 인공지능 시대의 리스킬링 전략은 바로 이런 '개인 맞춤형 학습 경로 지도'를 그리는 것에서 시작된다.

참고문헌

네이버(2024). "NAVER Connect AI Class, 초개인화 AI 콘텐츠 분석 실습 과정 운영". https://www.naver.com/

삼성SDS(2022). "S마인드 캠퍼스, 인공지능 기반 맞춤형 학습 추천 시스템 교육". https://www.samsungsds.com

KB국민은행(2024). "디지털 리터러시 프로그램 운영". https://omoney.kbstar.com/quics?page=oabout

LG전자(2024). "16주 집중 리스킬링 프로그램으로 소프트웨어 개발자 전환 교육". https://www.lge.co.kr/m/home

Coursera Inc.(2024). Coursera for Business: Enterprise Learning Platform and Professional Certification Programs. https://www.coursera.org

Degreed Inc.(2024). AI-powered learning for a future-ready

workforce. Degreed Enterprise Solutions. https://degreed.com

Grammarly GO. https://www.grammarly.com/

LinkedIn. https://www.linkedin.com

McKinsey & Company(2024). The Next Big Arenas of Competition. McKinsey Global Institute.

Notion AI. https://www.notion.com

OECD(2023). *OECD Skills Outlook 2023: Skills for a Resilient Green and Digital Transition.* OECD Publishing.

OpenAI. https://openai.com

10
나만의 커리어 나침반 만들기

인공지능 시대, 미래의 불확실성 속에서 자신만의 커리어 방향을 설계하는 방법을 안내한다. 인공지능을 활용한 진단 툴, 실행 워크북, 경로 설정 기법 등을 통해 독자가 직접 '나만의 커리어 나침반'을 만들 수 있도록 돕는다.

종교와 AI?

인공지능 시대, 나는 어디로 가야 할까?

세계경제포럼(WEF)은 《2025년 미래 일자리 보고서(Future of Jobs Report 2025)》에서 "AI는 수백만 개의 일자리를 대체하는 동시에 새로운 역할과 기술 수요를 창출하고 있으며, 개인은 더 이상 '직업'을 선택하는 것이 아니라 '기술 경로'를 탐색해야 하는 시대에 진입했다"라고 강조했다. 이 말은 곧, 커리어 설계의 단위가 이제는 '직함(Job Title)'이 아니라 '기술 스택과 문제 해결 방식'이라는 것을 의미한다. 이 지점에서 우리는 커리어(career)의 정의를 다시 살펴볼 필요가 있다. 커리어는 단순히 직업의 연속이 아니라, 삶의 방향성과 가치를 담은 여정이다. 단절된 점이 아니라, 연결된 선이자 하나의 서사다. 직업은 바뀔 수 있지만, 커리어는 지속된다. 인공지능 시대의 커리어는 스스로 설계하고 조정해야 하는 '개인의 전략적 항해'로 바뀌고 있다.

그렇다면 우리는 어디로 가야 하는가? 철학자 프리드리히 니체(Friedrich Nietzsche)는 《즐거운 지식(Die Frohliche Wissenschaft)》(1882)에서 이렇게 말했다. "방향이 없는 속도는 파멸이다." 인공지능 시대의 불확실성 속에서, 방향 없는 기술 습득은 쉽게 탈진으로 이어진다. 우리는 지금, '무엇을 배울 것인가?'보다 '어디로 가고자 하는가?'를 먼저 질문해야 한다.

나만의 경로를 설계하는 일은 이제 선택이 아니라 생존의 문제다. 더 이상 외부에서 제공된 커리어 루트를 따라가는 시대가 아니다. 지금 이 순간에도 수많은 사람들이 경력 단절, 기술 대체, 새로운 기회의 갈림길 앞에서 방향을 잃고 있다. 이럴 때일수록, 자신의 커리어를 주체적으로 재설계할 수 있는 '내비게이션'을 갖는 것이 중요하다. 그 핵심 도구의 하나는 바로 'AI 기반 SWOT 분석'이다. 기존의 '강점(Strength)-약점(Weakness)-기회(Opportunity)-위협(Threat)' 분석 구조를 생성형 인공지능과 결합하면, 훨씬 더 정교한 맞춤형 경로 설계가 가능해진다. 구체적으로 내부 진단에서는 자신의 이력서, 포트폴리오, 주요 업무 성과를 정리해 인공지능에 입력한다. 인공지능은 이를 바탕으로 '나의 역량 중 데이터 분석과 협업 능력이 특히 뛰어나다'와 같은 인사이트를 제공한다. 이 과정은 자신이 인지하지 못했던 장점이나 반복되는 패턴을 시각화하는 데 유용하다. 외부 분석에서는 최신 세계경제포럼(WEF) 기술 수요 보고서, 한국고용정보원(KEIS)의 산업 전망, 경제협력개발기구(OECD) 기술 격차 분석 자료 등을 기반으로 미래 산업 흐름을 요약해 인공지능에 제공한다. 종합 분석과 전략 설계에서는 인공지능에게 "나의 SWOT 분석을 기반으로, 6개월 학습 경로와 포트폴리오 기획을 추천해 줘"라고 요청할 수 있다.

활용 시 유의할 점은 첫째, 인공지능은 미래 가능성을 제시할 뿐, 선택은 본인에게 달려 있다는 점을 잊지 말아야 한다. 둘째, SWOT 분석 결과를 주기적으로 갱신하며 변화하는 환경에 따라 경로를 조정해야 한다. 셋째, 분석 결과를 단순히 읽는 데 그치지 말고, 실제 이력서, 링크드인, 포트폴리오 등 설계에 반영하는 실행 계획으로 전환해야 한다. 즉 인공지능 기반 SWOT 분석은 단순한 자기 분석을 넘어, 커리어 설계의 디지털 나침반이 될 수 있다. 감각이 아닌 데이터, 추상이 아닌 구체로서의 커리어 여정을 시작하는 출발점이며, 디지털상에서 '나만의 커리어 지도'를 설계하는 첫 번째 좌표다.

나의 커리어 지도, 실행하는 나침반

인공지능을 활용한 진단과 방향 설정 이후, 가장 중요한 것은 실행력이다. 많은 사람들이 방향은 알지만 지속적으로 실행하지 못하는 이유는 바로 루틴의 부재 때문이다. 나침반이 있어도 배가 움직이지 않으면 항해는 시작되지 않는다. 실행 가능한 커리어 나침반을 만드는 가장 효과적인 방법은 디지털 워크북과 루틴 기록 도구를 병행하는 것이다. 해외 기반 도구로는 노션(Notion)이 커리어 대시보드, 학습 루틴, 주간 피드백 정리, 포트폴리오 관리 기능까지 통합 가능하며 템플릿 기반 설계로 입문자도 쉽게 접근 가능하다. 클릭업(ClickUp)은 프로젝트 단위로 커리어 목표를 세분화하여 반복 루틴과 일정을 자동화한다. 리플렉트(Reflect)는 인공지능 기반 개인 저널 플랫폼으로 매일의 성찰 기록과 커리어 관련 인사이트 자동 추출이 가능하다.

국내 기반 도구로는 에듀윌(Eduwill) 학습 플래너가 자격증 중심이지만 매일 학습 체크, 진도 시각화 등 루틴 점검 기능을 포함하고 있다. 티처빌(Teacherville)의 진로 설계 캘린더는 교사를 위한 진로 루틴 설계 도구로 학습 노트와 실행 계획이 통합된다. 위두랑은 한국교육학술정보원(KERIS)에서 운영하는 교육과정과 연계한 진로 및 과제 루틴 관리 플랫폼이다. 위두랑은 학생과 교사가 함께 사용하는 학습 커뮤니티 플랫폼으로 교사는 수업 자료, 과제 부과, 평가 등을 편리하게 할 수 있고 학생들은 에듀넷 및 모바일 기기와 연계하여 능동적인 학습에 참여할 수 있다. 이러한 인공지능 도구들을 실천 가능한 '디지털 나침반'으로 활용하기 위해서는 체계적인 루틴 설계가 필요하다. 예를 들어 매주 월요일에는 이번 주 학습 계획을 설정하고 전환 목표를 정리한다. 매주 금요일에는 주간 리뷰 질문을 작성하여 "이번 주 가장 의미 있었던 행동은 무엇인가?", "실행하지 못한 이유는 무엇인가?" 등을 점검한다. 매월 1회에는 장기 경로를 재점검하여 커리어 SWOT 분석을 재업데이트하고 시각화 맵을 수정한다. 루틴은 목표를 향한 항로이며, 반복되며 익숙해지면 결국 행동이 자동화된다. 그러므로 나만의 지도를 그리는 것도 중요하고 매일 꾸준히 실천하고 변화를 이루어 내는 것은 더욱 중요하다.

불안과 함께 걷는 법, 감정 회복과 경로 유연성

인공지능 시대의 커리어 여정은 직선이 아니다. 미래의 변화는 예고 없이 오고, 예측은 아쉽게도 자주 빗나간다. 불확실한 항로를 항해하기 위해서는 기술보다 더 근본적인 역량이 필요한데 이것은 바로 '감정 회복력(Resilience)'과 '경로 유연성(Flexibility)'이다. 2024년 세계은행(World Bank)은 《미래 일자리 회복력 보고서(Future of Work Resilience Report)》에서 "기술 변화보다 더 큰 위협은 불확실성에 대한 심리적 취약성"이라고 강조했다. 많은 사람이 변화보다 변화에 대한 두려움,

예측 불가능성으로 인한 스트레스에 좌절한다. 결국 커리어 지속성은 외부 환경보다 내면의 복원력에 달려 있다. 감정 회복력은 단순히 '다시 일어서는 힘'이 아니라, 혼란을 해석하는 능력이다. 실패와 중단을 비극으로 보지 않고, 항로 수정의 기회로 해석하는 태도가 중요하다. 커리어 항해에서 지도는 고정된 노선이 아니라, 끊임없이 재탐색되는 항법이기 때문이다. 철학자 알랭 드 보통은 말했다. "불안은 우리가 무언가를 바라고 있다는 가장 정직한 증거다." 불안은 나약함이 아니라, 미래를 꿈꾸는 증거이며, 변화와 성장에 대한 감정적 반응이다. 우리는 불안을 없애려 하기보다는, 그 불안을 안고도 앞으로 나아가는 방식을 배워야 한다.

커리어 회복 탄력성을 높이기 위한 구체적인 전략은 다음과 같다. 경로 이탈을 전제로 한 계획 설계에서는 최초 계획이 어긋나도 당황하지 않도록, 여러 경로를 열어 두는 '다항로 플랜'을 수립한다. 감정 일지와 인공지능 코치 결합에서는 매일 감정을 기록하고, 챗GPT나 리플렉트를 활용해 감정 패턴을 분석하거나, 회복 메시지를 스스로 설계한다. '실패 회고' 루틴 구축에서는 성공만 기록하지 말고, 실패한 사례들, 포기한 도전, 흔들렸던 상황을 주간 기록지에 기록하면 도움이 된다. 이는 자기 인식과 회복에 매우 효과적이다. 자기 확장 질문 루틴에서는 "나는 어디에서 무너졌는가?"보다 "무너진 이후 어떤 성장을 했는가?"라는 질문을 자신에게 반복하면 효과적이다. 궁극적으로 우리는 완벽한 커리어 항로를 그리는 것이 아니라, 불완전한 지도 위에서 계속 나아가는 법을 배우는 것이다.

이 시대의 "AI 직업 지도"는 고정된 목적지를 향한 일방향 경로가 아니라, 끊임없이 업데이트되는 항해용 해도와 같다. 인공지능은 그 해도를 더욱 정밀하게 그려 주는 도구이지만, 결국 항해의 주체는 우리 자신이다. 불확실한 바다 위에서도 자신만의 나침반을 믿고 나아가는 용기야말로, 인공지능 시대 가장 필요한 항해술이 될 것이다.

참고문헌

에듀윌. https://www.eduwill.net

티처빌. https://www.teacherville.co.kr

ClickUp. https://clickup.com/about

Notion AI. https://www.notion.com

신승인

AI융합교육연구회 회장이자 인공지능 교육 실천가다. 서울시 교육청 진로직업교육과장, 산업정보학교 및 경기기계공업고 교장을 역임하며 교육 현장에서 AI 기반 진로 교육과 커리큘럼 혁신을 선도해 왔다. 일본 도쿄한국교육원장을 지내며 재외교육기관의 AI 교육 인프라를 구축했고, 국무총리소속 국가산학협력위원회 민간위원, 교육부 교육과정 중앙컨설턴트, 국제인공지능·윤리협회 전문위원으로 활동하며 교육 정책과 AI 전략의 연결점을 설계했다. 한국교원대학교 대학원에서 컴퓨터교육학 석사, 숭실대학교 대학원에서 교육학 박사를 취득했고 인공지능 및 정보문화 유공으로 홍조근정훈장(2024)을 수상했다. 현재 전국 교원 및 전문가와 함께 AI 융합 교육 세미나, AI 창의 경진대회, AI 리터러시, 진로 설계 프로젝트 등을 기획하며 인공지능 시대 교육의 패러다임 전환을 주도하고 있다. 기술의 본질을 통찰하고, 데이터를 전략으로 연결하며, 미래 사회를 준비하는 교육 생태계를 만드는 데 힘쓰고 있다.